读者是一个尊贵的身份,
读书是一笔纯粹的收入。

The Covenant of
Literature
—— My Reading Clips

文学之约
——我的读书札记

焦小婷 著

河南大学出版社
HENAN UNIVERSITY PRESS

·郑州·

图书在版编目（CIP）数据

文学之约：我的读书札记 / 焦小婷著． -- 郑州：河南大学出版社，2022.7
　ISBN 978-7-5649-5231-0

Ⅰ．①文… Ⅱ．①焦… Ⅲ．①读书笔记－中国－现代 Ⅳ．① G792

中国版本图书馆 CIP 数据核字（2022）第 132849 号

责任编辑	薛巧玲
责任校对	陈晓林
封面设计	李雪艳

出版发行	河南大学出版社	
	地　址　郑州市郑东新区商务外环中华大厦 2401 号	
	邮　编　450046	
	电　话　0371-86059701（营销部）	
	网　址　hupress.henu.edu.cn	
排　版	河南大学出版社设计排版部	
印　刷	广东虎彩云印刷有限公司	
版　次	2022 年 10 月第 1 版	印　次　2022 年 10 月第 1 次印刷
开　本	710 mm×1010 mm　1/16	印　张　15.5
字　数	165 千字	定　价　48.00 元

版权所有・侵权必究
（本书如有印装质量问题，请与河南大学出版社联系调换）

总　序

　　河南大学外语学院与河南大学同岁。河南大学的前身为1912年的河南留学欧美预备学校，迄今已有一百多年的办学历史。河南大学外语学院现设有英语、翻译、俄语、日语、德语、法语6个本科专业，拥有外国语言文学博士后科研流动站及外国语言文学一级学科博士、硕士学位授权点，拥有河南省高校人文社科重点研究基地（英语语言文学研究中心）、河南大学外国语言学及应用语言学研究所、英美文学研究所、翻译理论研究所等科研机构，主办有《外文研究》学术期刊。河南大学外语学院的英语专业为国家级特色专业、国家级专业综合改革试点及国家一流本科建设点，俄语与日语专业为河南省一流本科建设点，《高级英语》为国家级精品课程、国家级精品资源共享课程，《英语语言学概论》为河南省首批一流线下本科课程，英语语言文学教学团队为国家级教学团队，外国语言文学为河南省一级重点学科。英语专业连续多年跻身全国专业排行榜 A++ 行列。

　　一百多年来，河南大学外语学院的教职工及学生秉承河南大学"明德新民、止于至善"的校训，充分发扬"海纳百川、追求卓越"的院训，殚智竭诚，筚路蓝缕，涌现出张今、刘炳善、吴雪莉、徐盛桓等国内知名专家学者，其关于认知语言学、莎学、语用学的研究在国内外有广泛影响；功能语言学、文体学、英汉语言对比、翻译理论、俄罗斯语言文学、日本文化等方向的研究在国内居于前列。近年来，河南大学外语学院进一步完善学科布局，优化资源配置，出台了一系列规章制度，外语学院学术研究空前繁盛。近十年来，学院教师共发表学术论文 1054 篇，出版教材和著作等 126 部，先后承担各级各类社科项目 252 项，其中国家社科基金项目 24 项，获各级奖励 123 项。正是在这样一种氛围中，学院决定推出这套"跨文化研究系列丛书"，旨在陈列河南大学外语学院的最新成果，向学界汇报我们的研究发现。

这套丛书的学科覆盖面广泛，涉及文化、翻译、语言学、文学等研究领域；丛书的作者老中青结合，涉及不同的年龄阶段，他们中既有 80 岁高龄的知名教授，也有近几年涌现出来的青年才俊，反映了河南大学外语学院薪火相传、生生不息的学术传统。吕长发教授已近耄耋之年，仍然潜心研究、笔耕不辍，他与张玉红副教授等人合著的《西方戏剧史》是一部系统讲解西方戏剧发展历史与深入分析西方戏剧主要剧作家和戏剧文学批评家作品的著述；高继海教授的两本译著《〈易经〉原文·白话·英译》《〈人间词话〉原文·白话·英译》是对中国文化典籍英译事业的进一步发展和推广；李香玲副教授、杨书霞副教授、马应聪博士和俞琳博士等在语言学方面的研究成果以及焦小婷教授、付江涛副教授、刘宁宁博士等在文学研究方面的发现展现了近年来外语学院在科研发展创新与青年学术骨干培养等方面所做的努力，充分展示了一代代外院人孜孜不倦、砥砺向前的科研精神。

诚然，这套丛书编撰时间仓促，其中难免存在学术或技术上的问题，恳请各位同人能够不吝指正。同时在这里我们想代表这套丛书的作者，向在背后默默付出的河南大学出版社的各位编辑表示谢忱！

总主编
2020年7月于河南大学外语北楼

前　言

碎片式的阅读正在一步步侵蚀着人们的阅读习惯，微信段子、八卦新闻正以越来越强劲的态势，动摇着文学经典在人们精神空间的地位。本书是作者近年来百余篇书评中精挑细选出来的部分内容，其主题关涉古今中外经典文学名篇，也包括几篇个人喜好的畅销书。因为"迷恋那个印象变成文字的过程"（厄普代克语），所以所选文章皆属于作者在文本细读的基础上的感悟、分析和学术意义上的探究，旨在帮助读者在最短时间内准确掌握经典文本的精华，进而培养起良好的读书习惯和读书能力。

本书并非为某种意图而特别选择、规划，基本按照中国文学、英、美、其他国家文学的顺序，经典名著在前，畅销书在后。选书的基点来自于作者长期从事文学批评的嗅觉，来自于作者对文学的热爱，也算是个人经验得以分裂的无限延伸。所涉猎书目不含鸡汤，不承诺疗愈，都是些直接、新鲜、热乎乎的感受，曾修正、护理、滋养过作者的俗常生活。因此，愿把每一本书所曾给予作者的光照和温暖推送给读者大众，也是本书的宗旨之一。

博尔赫斯说："写作不是为了名声，也不是为了特别读者，而是光阴流逝使我心安。"所以，作者一直选择用阅读和书写对抗记忆，对抗遗忘，对抗光阴的流逝，以求在喧嚣、急促的世界上活得踏实、平实。希望你也如此。

感谢河南大学外语学院的大力支持；感谢河南大学出版社资深编辑薛巧玲女士的宝贵经验和精细编辑；感谢家人；更要感谢书中那些曾用文字点亮我生活的作家们。

目　录

一　中国篇

怎样的浮生？ ……………………………………… 3

爱这晓风朗月 ……………………………………… 6

汪曾祺的好玩生活 ………………………………… 9

沈从文的后半生 ………………………………… 12

路遥的早晨 ……………………………………… 14

史铁生的《我与地坛》 ………………………… 16

余秋雨的文化禅 ………………………………… 18

龙应台的天长地久 ……………………………… 24

严歌苓的喜乐芳华 ……………………………… 27

王安忆张新颖谈话录 …………………………… 29

迟子建那遥远的北方 …………………………… 32

庆山度河 …………………………………… 34

冯唐的文字风流 …………………………… 37

熊培云的大情怀 …………………………… 40

当艺术碰上了哲学 ………………………… 43

书痴董桥 …………………………………… 45

吴念真的这些人那些事 …………………… 47

像西西这样一位读者 ……………………… 49

马家辉的死法 ……………………………… 52

李娟的天边事 ……………………………… 54

余秀华的盎然诗意 ………………………… 67

见字如面的深情 …………………………… 69

你大过我的世界 …………………………… 77

路过你的世界 ……………………………… 80

文珍之"柒" ……………………………… 82

伴侣同行 …………………………………… 85

廖智之智慧 ………………………………… 88

余世存的时间之书 ………………………… 90

二 域外篇

托尼·莫里森的"爱" …………………… 95

毛姆的天上地下 …………………… 101

海明威的白象山 …………………… 107

卡佛的简约本色 …………………… 110

德波顿的博与雅 …………………… 120

奥斯特的暖阳冬日 …………………… 125

博尔赫斯的声音 …………………… 129

黑人吉恩·图默的甘蔗地 …………………… 131

承诺写在风筝上 …………………… 136

威尔·施瓦尔贝的读书会 …………………… 139

读书人的天堂 …………………… 142

阿图·葛文德的生死告别 …………………… 145

娜塔莉·戈德堡的写作禅 …………………… 147

我与世界的距离 …………………… 150

一个人的朝圣路 …………………… 156

洛格斯登的农夫哲学 …………………… 159

穆来纳森的稀缺论 …………………… 161

咖啡馆里的存在主义…………………163

读《认识每一朵盛开的花》…………165

威尔·杜兰特《生命的意义》…………169

字里行间（一）……………………172

字里行间（二）……………………182

《追忆逝水年华》随想………………190

大作家的小心思……………………194

马尔克斯的百年孤独…………………200

泰戈尔的想象力……………………205

泽塔勒的大雪将至…………………208

普里什文的自然日历…………………212

是枝裕和的步履……………………214

牧羊少年的奇幻之旅…………………217

吉田兼好的徒然草…………………219

帝王奥勒留的哲学沉思………………221

尼采的人生哲学……………………222

时间的礼物…………………………224

读阿多尼斯《我的焦虑是一束火花》……226
想死的欧维……………………………………230

后　记……………………………………………235

一 | 中国篇
Domestic Reading

怎样的浮生？

读沈复的《浮生六记》

打2分，给沈三白本人，而非作者的沈复。

讲真，本书若以第三部分"浪游记快"开篇，我会放弃阅读。乾隆年间一浪荡公子，穷酸文人，喜欢吃喝玩乐，整日无酒不欢。我明白不能以现代文明的标准苛责沈三白，但阅读的过程却总在质疑，像他这样连一份养家糊口的干事都没有，一味地追求精神至上，算不算虚妄和瞎清高？家庭缺少充足的物质保障，男子汉大丈夫却热衷于抚弄花花草草，是不是可以不叫有情调？妻子屡次被公婆误解，甚至到了被休的地步，作为丈夫却不主动或没能力去化解而选择逃避，能否称得上情爱深厚？对于儿女的成长和命运，无所作为，如果说儿子的死是天意，女儿竟做了人家的童养媳，父亲的担当在哪里？江南游时混迹于青楼频频召妓，却在遗憾"可惜我妻子芸娘不能跟我一起到此一游"，还无不得意地用杜牧的"十年一觉扬州梦,赢得青楼薄幸名"来自夸,"整个扬帮的妓女,到后来没一个不认识我,每次上了邵寡妇的艇,叫我的声音连绵不绝。我也左顾右盼,应接不暇:这种人缘,是那些在歌妓身上挥霍万金的人也得不到的呀。"沈三白对于自己的行为如此都理所当然,让人除了点赞他的诚实和率直清新的文笔,还能说些什么!谁嫁给他,都很难 lived happily ever after(从此过上了幸福的生活)!芸的命运是注定的!作为丈夫、父亲、儿子,沈三白似乎都不合格!

当然,我们不得不认可作者沈复。《浮生六记》不管在历史性还是艺术性方面都价值非凡。在那样的时代、那样困顿的日常里,他能有兴致且以清新的文字,行云流水般地记录下居家生活的细枝末节,尤其是把与妻子之间的闺房情话、知性的打情骂俏等写得生动传神、温情脉脉,足以羡煞一些生活在一地鸡毛里的现代夫妻。

《浮生六记》还是一部难得的民间生活史料,让现代人在正史之外,了解到乾隆年间普通人的爱情、婚姻,甚至私密的居家生活,实属不易,如果他的"六记"不含虚构的话。

再说说他笔下的妻子芸,林语堂眼中"中国文学中最可爱的女人"。她秀外慧中,思想开明,贤淑且机智、风趣又幽默,有能力把家庭生活过成了一个有情有调的美丽新世界。23 年你侬我侬的婚后生活,俩人情投意合,赏花品茗共书读,渔火香岸共风月,都与芸的襟怀、开明和智慧不无关联。和文学历史上那些故步自封、迂腐、沉闷等传统的家庭主妇形象相比,芸绝对称得上一股清流。不过,身为妻子,她能够贤良到主动张罗为夫纳妾,投其所好(从后面的记录中可以论证),让人怀疑史上大多数艺术作品是不是对人性的理解太偏狭,抑或是我们一直从根本上误读了爱情?乾隆年间的女子芸,是神还是仙?……

美国学者斯蒂芬妮·孔茨在其同名专著《为爱成婚:婚姻与爱情的前世今生》中所发现的,因为爱情而选择成婚这一现象仅仅起源于近代。

苏格拉底说:"未经审视的人生不值得度过。"借此,《浮生六记》称得上一个时代普通人对"浮生"的审视。而二百多年后的我们,除了"窥探",是不是也该学着记录审视自己的人生,以避免"浮"呢?

爱这晓风朗月

——读张晓风散文集

原本只是疲倦了随意翻翻,一直到在她的文字里看到了自己的体验,于是一口气读到最后一个句点。不知不觉中,作者的形象便从她的文字里晓风朗月一样地飘出来:两袖文风,半世宏远,爽爽利利的"一团喜悦、一腔温柔、一片勃勃然的生气",无法拒绝。而且读着读着,就看到了身为读者的自己。

她写道:"更多的时候,我在活着的人或物的身上看到我的前身。

"当我走到山坳野洼,蓦然看到一妇人在路旁掘笋,我想哭,我觉得她是我自己。

"我在车窗中偶然一瞥,田埂上有一朵成色千足的小金菊,我仿佛看到我自己。"

很奇怪。读张晓风,比她小 10 岁的龙应台不断地在脑海里浮现。同为台湾的文化人,面对中国传统文化,她们都怀着情怀满腔。但龙应台更像一枝带刺的玫瑰,始终酷酷地睁着一双冷眼,不管是诠释当下还是解剖过往,都以她的博学和深刻,把问题有条有理地展现出来,气度铿锵,多了些毋庸置疑的问责和质疑。而张晓风却恰如一朵细腻、透亮的百合,包容而有孺气。文字里时常夹带着眼泪,充满温度。她走到哪里,都会想起源远流长的中华文化;看到什么,都想要溯源,总能把一切嫌隙,在糯糯软软的诗词歌赋里冰释。她这样安慰自己,"也许我们不能拥有祖父的樱桃树,但植物园里年年盛夏如果都有我们的履痕,不也同样是一段世缘吗?"

  有人说,张晓风的作品,更像是一个民族主义者的自白。的确,她的作品是"中国的,怀乡的,不忘情于古典而纵身现代的"。故国家园、秦时明月、唐宋情韵,都成了她思想、灵感的来源,不近不远。她在文字里对身份感的热切追寻,让人愿意穿越时空,站在大陆任意一个地方,替她观赏,替她思索,替她认认真真地爱身边与文化有关的一切事事物物。

  她写道:"合子是北方的食物,一口咬下仿佛能咀嚼整个河套平原,那些麦田,那些杂粮,那些硬茧的手!那些一场骤雨乍过在后院里新剪的春韭。我是去买一样吃食吗?抑或是去找寻一截可以摸可以嚼的乡愁?……"

  她从一棵古老的榕树上看到了"树中的汉民族"——它简直可以把空气都变成泥土,并且在其间扎根繁衍。

  在博物馆,她会"望着那犹带中原泥土的故物",发觉自己竟这样爱着自己的民族、自己的文化。"那时候，莫名地想哭，仿佛一个贫穷的孩子，忽然在荒废的后园里发现了祖先留下来充满宝物的坛子……"

当她在东京抚摸皇苑中的老旧城门时，想的是居庸关；在午后盹意的风中听密西西比，想的是瀑布一般的黄河。她说："血管中一旦有中国，你就永远不安！"

游子思乡，满是打动人的共情。张晓风还总是急于向大自然致敬。不管她是朝山，还是去谒水，都以一颗赤子之心，"去为每一寸属于自己的土皋上献我的心香"。一个凋落的松果，田间的番薯叶，堤上的小野花，天地山川，明月繁星，昏灯檐雨，潮起潮落，山岚风声……都会让她满心鼓胀着欣悦，"只恨自己未能着一身宽袍，好兜两袖素馨回去"。她熟练地驾驭着语言之舟，捂一颗细腻敏感之心，就仿佛轻而易举地拥有了整个世界！也让人觉得，天地造化，有些人该属于山水自然！

当然，这部合集里有几篇都是她大学期间的作品，稍显稚嫩，而且还有不少重复的篇章。不过，这样的重复，重温一遍也好，因为散文之美，不在于冲突、结局，甚至内容，而在于阅读过程中某个突如其来的感觉和回想，还有与另一个灵魂同频共振的亲切和惊喜！

愿意相信，"在遥远的地方，一切虔诚终必相遇"。所以，感谢这本散文集，让我选择像作者一样，努力做一个对生活一往情深的人。

2020/7/12

汪曾祺的好玩生活

汪曾祺的《生活是很好玩的》，是一本包罗着生活万象的书。四时八节，五味杂陈，六感交错，花草虫鱼鸟兽并置，秋水海浪长天缤纷，人、事、风、物，交融共生……好玩的哪里只是生活，更有看待生活的眼力，对待生活的态度，玩味生活的情致和心态。

汪老先生记事，儿歌、俗语、成语、古诗词齐飞并举。叙事大多如涓涓细水，不急不缓，随遇而安；有时也如断壁挂瀑，落出一泻千里的痛快。语言时而节制，时而放浪，时而风雅，时而粗犷，随性地能生出花来，且花香，花色，花瓣，花蕊，花枝，花树，花籽，应有尽有。这段"栀子花说"——"去你妈的，我就是要这样香，香得痛痛快快，你们他妈的管得着吗！"文字背后，分明藏着他不吐不快的表情。

作者也有简约节制、惜时如金的时候。写泰山，"别之十几年，犹未忘"——三个字，包囊了泰山上的一切人文景致。而沽源行后，

"我这辈子大概不会再有机会到沽源去了"——不纠结,不矫情,简简单单一句话,尽是矜持的失落感。写到那个曾在家乡看见过豆芽顶起一块石头而好奇了大半生的知名学者,"他回他的家乡去看看。他想找到那块石头。他没有找到"。乡愁、怀旧之情收敛得何等节制!

作者基本不论时政,但偶尔寥寥数语,足以点明个人的观点。"'大跃进'整个是一场胡闹。""他妈的'文化大革命'!这叫什么事儿!"……

萧萧然一君子,吃喝玩乐仿佛是其生活的主旋律。作者眼观八方,笔著万物。天上飞的,地上爬的,水里游的,无所不成为他的"眼中钉",囊中物。

标准的老顽童一个!带虫子偏旁的昆虫,他似乎都曾追过,撵过,观过,打过,逗过,玩过,灭过……

说他是吃货,大概没人有歧义。书里无处不飘着烟火饭菜的味道。除了家常的咸菜豆腐,更有许多南北菜系。"乌青菜与'蟹油'同煮,滋味难比。"说起麻辣烫,香味能从手机屏里钻出来,让人咽口水。当然,感动人的,还有"冬天,脚炉焦糠的香",床上铺了稻草暖和的味道……

作者渊博的知识储备,让人汗颜。他写葡萄的颜色,说"你就把《说文解字》里的玉字偏旁的字都搬了来吧,那也不够用呀"!读完这一节,至少有人想要栽种葡萄,不用再去找度娘。而一个"擂茶"的"擂"字,硬是让他扒拉开长长的宋史来佐证……

然而，正如再好玩的生活也有难尽人意的时候，本书中也有些"不好玩"的地方。"乌鲁木齐没有蚊子，新疆很多地方没有蚊子，伊犁有蚊子，因为伊犁水多。水多是好事，咬两下也值得。"

—— 像这种略显拖沓啰唆、不够清朗的叙事，在本书中也有不少。还有最后一章美国行，不管是内容还是主题，都选取的没有章法，缺少核心，不免有累赘和断层感……

读完最后一段文字，随即生成一个高大的智者形象：前方灿烂千阳，身后无一丝苍凉。

沈从文的后半生

《沈从文的后半生》作者李杨说,沈从文把生命"仿佛融合进无边的视野和历史的悲欢进程中"去了,没错!但他更像一枚被时代的巨浪裹卷着的海贝,抛到哪里也不忘忍痛磨砺怀里闪光的珍珠。

那些从花花朵朵、坛坛罐罐里收集来的才思、精神、人格甚至情愫,尽显特殊年代一代知识分子的风骨。只能仰为观止,却没有资格做任何评论。看到命运给他的生命画上了句号,特别遗憾他胸中那么多似乎只需召唤就能喷薄而出的人、物、情、事、理怎么办?想象着那个句号要是冒号,读者的福利又该有多大……

抛开与其文学创作和学术有关的话题,可爱,是读沈从文后半生中始终如一的关键词。他的品行、个性、文字、思想……都带有标签式的、有内涵的可爱!可爱到和自己塑造过的人物对话;可爱到得知苏联卫星上天,激动得想入党;可爱到孙女在学校受欺负他急得哭,看到"一面是山顶上淡紫色卷耳莲塘坝边小小蓝色雏菊和万点星野黄菊相映成趣,一面却是挑了小竹箕去捡狗屎只五岁满头疥癞的小孩子"这样的对比,他"总想哭哭"!带着一代大家的大情怀,他在现实中活得单纯、简单、干净、坦荡荡……

他总能在动中看到静,在静中看到动,能在历史酝酿着大的变革时看到自然静默。所以当"时代的宏大潮流汇集和裹挟着游行队伍轰轰隆隆而过,他的眼睛发现的却是一个小小的游离自在的生命存在,并且心灵里充满温热的兴味和感情"。他一生似乎都在动与静中思索着,对比着,寻找着,享受着,直把自己活进了绵延无尽的历史里!

有人说,有些人来到这个世上,是为了跟这个世界说情话的,哪怕这个世界很荒凉、残酷和疯狂。他墓碑上的这几句,就是他给这个多数时期没怎么眷顾他的世界说的最后的"情话":

照我思索

能理解"我"

照我思索

可认识"人"

总之,这是一个值得重读的生命故事。

路遥的早晨

　　直到读完路遥的《早晨从中午开始》,从来没想过一个作家是带着这样的真诚和激情完成作品创作的。对于他的经典巨著《平凡的世界》,作家路遥从开始时如何壮士断腕式地说服自己,到纠结、思考、论证如何运用现实主义精神而非现实主义名号来构思全篇,三年的资料汇集阅读消化,三年不食人间烟火的疯狂写作,让我们看到了一个作家是何以成为真正的文学大家。一部辉煌巨著的完成,原本一开始就带着使命感,准备好拿青春拿生命来交换的。好神圣!

　　本书展现的与其说是作家创作的心路历程,不如说是他创作精神的再现。他一直奉行"作品在某种意义上,不完全是智慧的产物,更主要的是毅力和艰苦劳动的结果",所以动笔前他阅读了前后十年的报纸,把手指快要翻得流血,他常常饿着肚子在写作,深入生活内部体验生活,观察飞禽走兽,确认植物生长的先后顺序……

他对待自己的工作，不仅严肃，而且苛求，迷信创作时那种深远的动力是来自他对往事的"回忆与检讨"。这种听起来都有点痛切的思考和感悟，也许成就了他文学大家的殊荣。谦虚得有些自卑的人，却在长达六年"豪迈的进程"中，建立起一种"无榜样"意识，与妄自尊大毫不相干。怎样的魄力！

当然，因为本书内容皆自20世纪90年代初，行文不免带有诸如"生产力，改革开放，对祖国贡献力量"等时代特色，后半部分的访谈和讲座内容也显得有些陈旧，但我们仍可以从他的身上看到如今不多见的严肃、认真和端正的创作态度，还有属于那一大时代人对国家对社会对农村的爱的真诚。

总之，正是因为他的创作离时代、离土地、离劳动人民、离真正的文学那么近，我们才从中勾勒出一位崇尚现实主义的作家，通过自己的作品创作，完美地实现了现实主义的理想。只可惜27年过去了，不管是世界还是中国社会都有了天翻地覆的变化，而擅长思考时代的路遥却把自己不平凡的生命过早地丢弃在他那个"平凡的世界"里，太可惜！

史铁生的《我与地坛》

他用轮椅碾压着四季，把自己的心撑成地久天长，包纳起真实世界里他够不着的地方。他在那里回忆，怀念，恐惧，想象，渴望，筑梦，逐梦……荒藤老树，晚风朗月，晨露暮霭，遍地的树影，漫天的星光，窸窸窣窣的蛐蛐，南飞北归的雁，都成了他"扶轮问路"、琢磨生命灰飞烟灭的魔镜。

他写母爱，从来不屑动用最俗常的"爱"字，慢慢的、淡淡的文字，读起来却令人神伤。他写早逝的母亲，只谈那棵无法接近的"合欢树"，只说"有过我的车辙的地方也都有过母亲的脚印"。可我却开始遥望那棵树，想细察车辙里母爱的印痕。

他写自己的失落。说如何向往"脚踩在软软的草地上的感觉"，回忆"想走到哪儿就走到哪儿"的自由，想象着"踢一颗路边石子"的感受……那种穿透文字的渴望，让谁又敢忽视上帝赋予的一切健全和健康？

有时他带着孩子般的好奇，走向童真童趣，有时又以哲人的敏感敏锐，探索宇宙洪荒，追问我是谁？从哪里来？到哪里去？只是他比一般人走得更深更远，我们唯心心念念念极乐世界，他却在追问极乐有没有穷尽？思索要是不再有渴望、期盼和理想，那还算不算乐？

还有些时候，他的笔跟着思绪游离飞扬，信马由缰，一会儿在雾里看花，一会儿在天边游荡。也正因为这样的放浪不羁，某些地方，比如第八章"好运设计"，稍显拖沓、琐碎、冗长。不过我在想，一个连设计来生这样的事也琢磨得津津有味、兴趣盎然的人，我还有没有资格去评判他走世界看世界悟世界的方法？

或者正因为躯体被固定在轮椅中，所以他才以超常的维度和细腻，调用起感觉嗅觉味觉听觉和视觉，全方位地融入纷杂的世界；他的心魂不仅"常在黑夜出行"，而且恣意在狂野天空。他站在死里看生，活在生里看死。他突破了时间，僭越了习惯。

岁月更迭，他把自己写进地坛，让五百年历史成了他盎然生命的背景！从此他将与它一起担承风雨，期盼彩虹！

愿在天堂的他，能用双脚踢到石子，感受生命的蹦蹦跳跳！

余秋雨的文化禅

(一)《中国文脉》

读完了台湾散文作家林清玄的 6 本散文集,再拿起大陆文化名家余秋雨的《中国文脉》系列,觉得今年的冬季,我成了最大的赢家。纯属巧合地翻阅起两类书,却意外地看到了两个全然不同的世界。

俩人年龄相差五六岁,一个生于台南乡下的一家农户,一个出自浙江余姚书香门第。时空交错,他们的思想却在我的书房书桌偶遇,电光火石,精彩纷呈。

林把自己放逐在自然山水间,寻索灵魂的诗意栖息。余让自己沉浸在中国历史文化中,捕捉中华大地的文脉。

从文本质素上比,两人落霞与孤鹜齐飞,秋水共长天一色。但风格上,一个在铁马西风塞北,一个在扶柳宛然江南。

才情俱佳的余秋雨的文字,宏观凌厉,一横一竖之间,透着大家风范,激情奔涌,节奏灵活,铿锵有力。读他的书,如同久渴的人偶遇山泉,只想一饮而尽。

而林清玄的文字,清雅内秀,微观温敛,风轻云淡,如同温茗茶一壶,只想独饮慢品。

林内敛于微观心智,精妙地捕捉着人类人性的灵动,读来有润物细无声的快感,世间纷繁喧嚣万千,我自固守玉壶冰心一片。

余则外张于九州大地,洒脱地纵横于中国文化的历史天宇。读来气势磅礴、酣畅淋漓,有种策马天下文化疆域、舍我其谁的气概。他登高一呼,就是几千年荣辱兴衰;放眼一望,就是几万里山川大地。且看"巍巍大唐就在不远处了",再"远远看去,宋代就像一团乱麻"。

善于联想是两人的共同特质,也是所有文人的必然素质。然而,林清玄留恋于从看花是花到看花还是花的有层次感的三种境界,而余秋雨则眼观人事物,经天纬地,痴迷的是历史恢宏、文化贤良。如果说第一位诗人屈原、"文化君主"司马迁让余扼腕依稀、敬慕感叹不已的话,落叶残花会让林凄凄潸然落泪。"我还会在各种有关中华文化的豪言壮语、激情澎湃前突然走神,想到这种浩荡之气的来源——汉代,那些凉气逼人的孤独夜晚。"他用辽阔的思维空间捕捉悠远的历史时间。"司马迁风尘万里的旅行家;他在贫瘠的大地上吸取的是万丈豪气、千里雄风。"难怪他崇尚司马迁,这种气吞山河的气势可不就是他自己的文风吗?慧眼识珠,是因为他站得高远,且地基厚重结实。他写作的灵光闪烁不灭,是因为他钻得深邃精妙。

余在历史的长天厚土间纵横驰骋，林在自然的花草虫鱼上悠然留恋。但同样的有力度，有深刻。我猜想当余写到"他，就这样无声无息、无影无踪地消失了。他写了那么多历史人物的精彩故事，自己的故事却没有结尾。"时，会不会掩卷沉思落泪？反正我心里升腾起一种敬仰和酸楚！

很庆幸自己在这个寒冷而雾霾笼罩的冬季，既呼吸到了林清玄心花中怒放的馨香，又体悟到余秋雨勾画的中华文化、文明的美景。让我尘垢覆盖、单薄清浅的知识库得以清洁濡养，现实的生活时空变得立体丰盈。

余秋雨对中国文人一样情深。他无比欣赏曹操的生命格调，还有他充分的文学自觉。他认为"李白的生命需要陌生，他的生命属于陌生"，而苏东坡的诗词"有表情有体温"……所以，他断定，"一个民族最早的传说和神话，永远是这个民族生死关头的最后缆索"。

如果说读林清玄的文章，读者的心中升起的是虔诚，是宁定，是肃穆，混沌的心野能得以漂洗的话，读余秋雨的高论，则会让人时不时怦然心动，对中华文明懵懂的意识和认知不断得以刷新。余秋雨的戏谑尤其让人忍俊不禁，处处闪烁着文人的智慧。当谈到清末科举试题"项羽拿破轮（仑）论"时，余秋雨点评说"出题者本人就是一知半解"，更有考生竟然写到"项羽有拔山盖世之雄，岂有破轮（仑）而不能拿哉？"等段子。

余会愤世嫉俗。本书最后一节"大地小人"篇，他把小人的形象描绘得入木三分，呼之欲出（小人见不得美好。总是眯着眼睛打量美好的事物，眼光时而发红时而发绿……只要一有可能就忍不住去扰乱、转嫁，竭力作为某种隐潜交易的筹码加以利用……）尽管走笔还是那么精彩，但把小人一章放在本书的结尾处，让人在享用中华五千年文明的盛宴结束之时，却仿佛吃出了苍蝇，顿时觉得堵心而恶心。当然这该归功于作者至真至像的描述。我姑且主张，这一部分内容实在应该放在别处，另待别论。

相对于余面对邪恶的义愤填膺，林则常怀宽容慈悲心肠，面对邪、恶、丑、奸、凶，不诅不咒，即便一己之力不能感化，但求自我澄明，浊清分明。让人在纷扰的世界上，独享一份清凉与安然。

读余，穿行在历史的烽火硝烟、刀光剑影中，马蹄声声，杀声阵阵，热闹、刺激、喧嚣（燕赵剑客争雄，齐鲁学士舌战，曹操气吞山河，固垒赤壁西边，成吉思汗叱咤风云、策马扬鞭），不过仍然可以看清文化这股涓涓细流；读林，看月出惊山鸟，听清泉石上流。山川海岸，有清风细雨润物，有鸟语花香，但更有对仁心的内省检视。在这种时空交叠、充满张力的文字空间里，心不冷，身何以冷，纵是隆冬？！

（二）内在星空

读《内在的星空——余秋雨人文创想》，与其说喜欢读余秋雨，莫如说喜欢读文化。在这本特意选编的余秋雨文集里，他又一次把文化写活了——文化的最后一级台阶，就是为灵魂找到故乡，或者说，找到有故乡的灵魂。谁敢不认同？

第一印象是本选集哲思多，记事少，主题驳杂、散乱，思想恣意，很少收敛；也依然不失时机地对着各种小人鄙视那么几眼！看来，余先生受到的小人之气，已经凝固成创伤，深重，疼痛，且无法愈合。所以他无论什么话题都能携风带雨地绕道这里。

尽管如此，还是乐此不疲地花了几小时泡在他散乱的思想里，闻文明花香，听古人吟唱，享受看不见、摸不着的文明文化。

毕竟，当下的中国学界，少有人把文化探求与生命拷问连成一体，没有谁让生命、大地、文化融成崇尚；没有谁把人、历史、自然交融成景；也少有人对无影无形却无处不在、无孔不入的文明文化如此地痴迷。

余先生一定是幸福的，他待在一个生命坐标里，却有万古天地供他玩赏，文化因他通了人性，文明也因他有了温度，它们也该是幸福的吧？！

其实，最幸福的，是盘踞在家却可以踏遍文化山水的我自己。

"用自己的脚步和眼睛，使以前读过的典籍活了起来。用辽阔的空间来捕捉悠远的时间。把个人的游历线路作为网兜，捞起了沉在水底的千年珍宝"——这是余先生写给司马迁的，复制过来送给他。

（三）文化苦旅

不管多少遍读余秋雨，还是能被他对中国文化的满腔热情所感染。重读余秋雨的《文化苦旅》，他不仅赋予文化以时空感、历史感，还让文化有了动人的色彩、味道和声响，让你觉得文化不再是个空洞的术语，而是鲜活美丽的实体，除了向往，还是向往。

尤其是他面对中国文化实体时那种无奈、痛惜的感慨，他"隔着外国博物馆厚厚的玻璃，长久凝视，百般叮咛"的神态，让人愿意相信他"无言的大地，有多少地方值得我们跪身，又有多少地方需要我们谢恩"的长叹，绝不是无病呻吟，而且对隔山隔水的中国文物也有了莫名其妙的期待和牵挂。

然而，世界公认的文化大家，却对自己生命中的小人"喋喋不休"放不下，让人猜想他该有多么大的怨气，才把他们反复地写进书里，让这些"深恶痛绝"和他的文字一起不休！

另外，新版本中的内容，除了序言和母亲悼文，大多是些背景知识和历史资料的补充，叙述风格与原文本中的紧凑和精细有一定的间距，读来像坦途上突兀出的小包，有些磕磕绊绊的不连贯，少了痛快和果敢！

当然，如果你曾经或还将抵御不了他连语言里都透出来的文化的醇香，那就去 read, reread, rereread（一读，再读，再再读），不会失望！

龙应台的天长地久

龙应台的《天长地久》，是由她写给母亲美君的十九封信件组成，一个世纪的时间跨度，几大洲的地理界限，四代人的家国情怀、儿女情长，被自然地粘贴在每封信的前边，组成网状的历史背景和情感结构。她写爱，写情，写友谊，写相思，写生死，而我们却始终被一种温情包围，不知不觉流着泪。

首先，作者让我们看到了一种情感形态，不是因为不曾有，而是因为没有她爱得深沉。63岁时，她决定从台北搬到乡下，贴近93岁失智的妈妈，让其感受"我的温暖和情感汩汩地流向你"，尽管不知道"你心里明白不明白我是谁？不知道当我握住你的手时，你是否知道那传过来的体温来自你的女儿；不知道我的声音对你有没有任何的意义……"显然，庄子的朝菌暮枯，夏虫秋死，花开是花落的预备，她一定是懂得的，只是她无法说服自己接受。所以，尽管"父亲教我以'死'，母亲诲我以'老'"这样的话，被她说得很淡然，甚至带着某种得意，但却分明充满着无力感。她常常"看着坐在阳台那一头，柔弱地垂着头，监禁在自己的空旷里"的美君，渴望"让我喋喋不休、喋喋不休，把这一辈子曾经嫌弃你不懂而不想跟你说的话，好好从头说一遍"，"可是怎么就回不去了呢？"这种轻描淡写的一答一问里，其实有万箭穿心。

事实上，作者从头到尾都在反复设想着一个不可以重来的"重来"："如果可以重来一遍，我会认真地用我的语言跟你分享内心深处的事……"所以，她一直在努力回忆母亲说过的每一句话、每一个判断、每一个认知。有时候当我们迷茫她到底想要说什么的时候，一句似水柔情的"你会这样做吗？美君""在你似睡似醒的灵魂深处，是否还记得儿时的玩伴，美君？""从安琪拉的身上，我也看到你，美君""美君，读卡夫卡写给父亲的信，我不断想起了刘叔叔和他的儿子""美君，我突然想到爸爸""这个十字架，美君，以后你觉得应该去哪里呢？""我认识到我的问题了，美君""美君，你对跟你牵手 50 年的丈夫说过我爱你吗？"就让回忆与现实相关联，让情感与历史无缝对接，让一时迷惑的我们恍然大悟，喉头发酸！同时也便更能了解她在被采访时说过的"美君就坐在我旁边，我还是想念"这句话里，到底藏着多大的力量和遗憾。而从这段"作为你人间的女儿，我依旧握你的手，抚你的发，吻你的额，问早安问晚安问你疼不疼"中，我们更是读出了她或许不愿承认的倔强的、愤怒的、悔恨的无力感。这种无力感，你我都不陌生："树欲静而风不止，子欲孝而亲不在"。龙应台几乎是用自己前半生的足迹、后半生的遗憾，诠释着几千年来折磨着整个人类的期待、无助和无奈。

还是一贯散漫而干净的节奏，灵动而有力的表述，沉静理性的思想，时而细腻若发丝，时而广博如大海。我特别好奇，她明明沸腾着的情感是怎样被文字优雅地包裹着，不激烈，不匆忙，不煽情，不露声色，让爱意从字里行间释放、流散、弥漫，直到你开始反观自己，扪心自问。

美国著名心理学家布莱恩·魏斯在其代表作《前世今生》中的一段话，大概可以总结本书的宗旨："我们没必要担心未来，或者执拗于过去的某个事件，而应该去充分享受每个时刻，过好每一天。在这样的生活中，我们必须永远记得：'给妈妈打电话'。"给妈妈打电话？！因为"此生唯一能给予的，只有陪伴。因为人走，茶凉，缘灭，生命从不等候"。

所以眼前的这本书，关涉每一个生命，适合所有人阅读，不是为了对方，而是为了我们自己看清生存、生活与生命，为了我们自己未来不留遗憾。

严歌苓的喜乐芳华

一群凡人，被命运丢进特殊年代政治生活的洪流里，被冲撞得身心俱残，四处逃散，没有选择成了他们唯一的选择。严歌苓最想从他们身上剥落出的，大概是人类心灵何以丑陋的缘由吧。至于意义？对历史对生活对人性的直面书写，何尝不是一种意义！这是严歌苓的《芳华》给我的最深印象。

平凡如刘峰，"自知是个不重要的人，所以总是用无数不重要的事凑成重要"，当然也包括他的受伤和死亡。他那只曾经摸过丁丁脊梁的手，被丢在了战场上，从此个体脱离了主体，他走向了另一种平凡。而那个有个破洞的假肢，不只是留在作者掌心上的"一块灼伤"，更是人类恐怖和欲望的假面具，是特殊年代人性被扭曲后留下的疤痕。

刘峰"看破了许多"，这是一种有幸又不幸的"看破"，借此，我们看到了一个时代的荒诞、一群人的狂欢，还有弗洛伊德潜意识概念下那些拿不到太阳下晾晒的人性的丑恶。可惜的是,"当今谁也不需要、谁也不尊重的"好人刘峰,无论怎样努力,都似乎无法和这个世界讲和,所以他选择退回到自己,直到默默离开这个一无所恋的世界。

何小曼,平凡得就剩下满头交缠的浓发和长相。她的大半生,似乎就是为了实践屈原的"心不怡之长久兮,忧与愁其相接"。她自作聪明地用欺骗换政治资本,用装病讨别人的关心,而用分裂的精神做了回真正的自己……好在她看透生活、命运、战争的狰狞之后,选择了用善良和真诚去救赎自己那一代人曾经的荒诞和背叛。

林丁丁,虚伪的本性顺应了那个虚妄的年代,活得顺风顺水。但从她莫名其妙喊出"救命"的那一刻起,她已把虚幻当真,将人性的善良出卖,把真爱践踏成泥,后来她攀上的高干家庭,正如那时人性稍有复苏的社会,已经没有她的位置。远天远地的澳洲,成了她的归宿,他乡或许是她最容易面对自己的地方!

芳华年纪,造英雄的时代,荒唐是生活的底色,背叛成了家常便饭,个体生命无足挂齿,人性之恶在恣意狂欢。说到底,人类最不该看到的,是社会和命运的底牌,是人性的拙劣。一旦识破,精神的走向偏颇,现实失真,未来不是未来,连梦都做不安然!

作者一边书写,一边抹除;一边建构,一边解构。进而张力出她扯不断理还乱的对理想与现实、过去和未来、背叛与忠诚、个人与国家的关系的叩问和质疑,更有吱吱嘎嘎梦想破碎的声音……

王安忆张新颖谈话录

　　这本《谈话录》来自两位作家在几周内的六次对谈，以王安忆的成长过程和写作心路历程展开，涉及中外名作家上百个。一个会问，一个会答，一切自然然，原汁原味，深入浅出，把一位大作家的写作目的、背景、技巧、甚至写作的秘密和盘端出，让我们有幸窥探到一部部优秀作品的诞生过程，仿若被带进一个酿酒作坊，亲眼见证了一坛坛醇酒是怎样酿成的。什么样的材料，怎样的来源，怎样的火候，怎样的发酵，怎样的温度和色度？读者很容易自醉在这一过程里，又或者打起炉灶，跃跃欲试，想把自己存了多年的生命资料酿造成纯良本质性东西。不得不说，王安忆如此直率地泄露"天机"、亮出写作的底牌，既表现出她的自信和豪气，也借此实现了林语堂所谓的"我要有能做我自己的自由和敢做我自己的胆量"。

　　小说家谈小说，总会超出我们的想象。只有会写小说的人，才有能力解剖开一个个小说文本，把情节、人物、主题、叙事方式和结构条分缕析地摆放在读者面前；也才有资格不为名者、老者、尊者讳，对其做率真的褒贬；也才敢坦荡荡地说出自己的家世、行踪和作品的优劣。

在鸿儒出入的文学圈子里出生、成长、写作的王安忆，相信妙笔天成，注重从内到外的"看"一切。她喜欢写作，对其有着信仰般的热爱，"相信里面存在着一个极好的世界，因而渴望进入"；喜欢小说情节的扎实感和紧张度，丝毫不掩饰对散文的嫌弃；喜欢大体量的东西，比如长城；不喜欢雕虫小技、小肚鸡肠，发问过馒头大一点的紫砂壶，再怎么艺术又怎样？

说汪曾祺的小说只写两类东西，一个是劳动，一个是享受。"政治对他不是最重要的一个东西，在政治生命的底下还有一种潜在的生活于他是痛痒相关。"

说张洁冰雪聪明，这样解读张洁的"苦情"："人有的时候不该这么聪明，给自己造成伤害，太灵敏了，就变得脆弱。还是稍微笨一点好。"说张洁作品里男女之间的对立关系，"她就好像用文字筑起一个城堡，在这个城堡里面男女关系演绎出最极端的戏剧"。

说张贤亮是个"有气势能写出东西的人，只要他愿意"；说莫言是个有力量的作家；说张承志为自己建设了一个另类精神家园，"天性里面是有一种蛮可贵的精神，比如他对自然的态度"……

对迟子建、苏童青眼有加，认为某些作家的江郎才尽，"和我们社会生活也有关系，社会生活很不正常，老是在变动。你很难期望人能够超越物我，立于不变之地"。这段话说得既透彻又隐含，足见优秀小说家的笔力！

王安忆也有吐槽和担心，觉得"劳动的快乐很少有人愿意写"；认为"现代人的反叛，是没有思想的反叛，纯属任性"；抱怨"现在我们已经把英雄主义的东西完全否定掉了"，担心像葛水平这样一些有锋芒的年轻作家，会重蹈老作家的覆辙……

文字是人的性格肖像，而肖像的形成，离不开文字环境的真实性。尽管是本谈话录，但依然能从中读出王安忆的文风、为人、个性甚至长相。这自然归因于对话的真切和真实感。这大概算得上谈话录最大的成功吧？

如果对阅读和写作感兴趣，如果想快速、系统地了解中国新时期文学的走向和特点，了解现当代中国作家作品的核心特征，王安忆给定了答案。

推荐！

迟子建那遥远的北方

读《迟子建散文》，一直想象这位住在中国最北边写作的作家，书房窗外的河便是中俄国界线。因此，北极，冷雪，霜花，寒风，孤月，暮色，炊烟，朝雾，夕阳，森林，田埂，炉火，热炕……像一股股爱的清泉始终流淌在文本里，不急不缓，动听温婉。

宗教情怀和乡间习俗有时弥散得有点唯心，比如彩云是佛光晚照，魂灵回家时有模有样，但这样的描述都因出自作者的真情实感而不显得故意和做作。

女性化十足的文体，（频繁地运用修辞，尤其是比喻）蝴蝶蜂蜜，花花半草；敏感细腻得有时候有些刻意，但冷不丁丢出一句睿智的话，又噎得你伸拇指点赞，比如"并不知道一双脚的灵魂其实是在心上""狗喜欢吃蜜蜂原来是为了甜心""冻疮是忆念不复存在的伐木声"等。

总之，这是一部记录个人生活足迹的散文随笔，清淡雅致，但思想性不是太强，大概适合在忙碌生活的间隙，一篇篇慢慢读着玩味。

　　总之，比起她那些集异趣、想象力和秩序感于一体的小说，本散文集并不代表迟子建的文学才智。但北国的冷月寒流，雨露清风，雪山的长夜，暮色中的炊烟，废墟上的雄鹰与蝴蝶，还有她对家人、邻人们的深情怀念……能让我们看到一位一直都在静静思考的作家，还有她眼中跟我们普通人不一样的世界：多彩，富足，庞杂且可爱。

庆山度河

读完李娟再翻开庆山《月童度河》，像从春秋季节里的温柔清爽走进冬夏里的激烈蛮横，无法坦然随行，须处处留心，否则会碰壁或迷路，或两者相互因果。

阅读的过程总觉得作者或隐或现地在文字里闪现，带着某种似有非有的仙气和超脱，深刻而不尖刻，智慧但不卖弄，足够的自信，锋芒小露，有些许修行人的气质，禅的澄明，茶的香气，还有她笔端淡淡的烟草味。

她说自己"之前写动荡情爱和黑暗青春的宝贝"，如今关注最多的是"未知和遥远的事物"，"跟随着心往前走"。这是真话。但客观地说，本书尽管大多记录的是心路历程，但没有同样笃信佛教的林清玄文字里透出的淋漓的静、虔、善、空。于禅心、禅境和禅宗，她更多的是向往，是走近，或是自我逼近。不经意间暴露出的各种尘世欲望和自定义的"沉沦"，出卖了她。安妮宝贝成了庆山，虽修得了某种哲学的高、宗教的纯，但仍在人间烟火里，离"空"尚远。兀自猜度一下，这是为迎合而迎合、为抵达而抵达、为信仰而信仰所进行的自我装饰、自我逼近、自我治愈吗？小说写作，作者的意识和想象暴露在情节或角色里，本真则浮游在文字内外，难以捉摸。但随笔是随性而作，发乎内心，内质不好隐掩，更何况语言是性格肖像，骗不了人。

她爱谈和谐、安宁，喜欢清澈、沉静，总是在感知心的过程，但不是领悟、认知、理解，也不是享受，而是一味地描摹艳羡和赞叹，总欠缺期待中的真味道。再武断一些，安妮还是庆山，成熟的只是文字里的理性，关乎 DNA 的倔强和执拗，即使佛禅也奈何不得。她文字的生命力是圈在年轮里的张力，突破或尝试突破，都意味着枯竭。尽管她也自我怀疑"始终在做一厘米宽、一百米深这种类型的事情"，但这恰是她的长处。

岁月经年，爱用句点的习惯，她还留着。她似乎喜欢给一切事物尽快打个结，像了却一桩无所谓悲喜苦乐的心事。她大概是用这一断句的方式，理思路，启新思，展示自己永远清楚说了什么，要说什么，能说什么，怎样说！一如"种子破土之前潜藏在黑暗中的坚实"，里面全是力气。

像她这样天生有思想在狂欢的作家，找到了镇静、沉淀的途径，找到了可以安顿自己不羁的灵魂和思想的信仰，大概应归于她心中修的善缘吧！读到她看着自己五六岁女儿的样子，"觉得心里跟微微痴了一样"时，才把作者还原回凡人的模样，才觉得她本该有的俗俗的可爱！

  不得不说，庆山的思想意识变得更形而上、更思辨，因而更哲学。在她眼里，"动一定是种极大极深的静"；她说"我们对他人的影响，存在比表达更重要"；她认为，"珍贵、重要的东西不能轻易表达。轻易拿出去，被人误解，也亵渎它"，所以我们所看到的只是一切的一部分，而那些真正美的，她深藏在心，不愿表达或难以表达。毕竟，"文学、艺术在本质上是无法究竟的"。

  如果说"作品的深度，是由穿透作家心灵痛苦的深度来决定的话"，庆山的这本书，让人看出了她在心理上仍是一位负伤者：她一直在努力，希望活成彻底的人！

冯唐的文字风流

（一）冯唐的《无所畏》

有说真话的魄力，有说大话的自信，天才冯唐，无论是思想还是语言，都脱了俗。

不管多么凝重的道理，都被他侃得轻松利落，不油不腻，尽管文字里照例夹杂着唐氏一贯的"小荤腥儿"。

柴静曾问冯唐为什么写黄书？冯唐答："我推崇的不是滥交，我只是要抛开审美和正统思维。"眼前的这本《无所畏》，照样有他不羁的笔墨，但更多的是能照亮普通人生活的智慧的火花，我们借此可能接近生命的本源，接近天才冯唐的内心，也接近我们自己。

冯唐颠覆博尔赫斯的著名论调，说"天堂其实不是图书馆的样子，是书房的样子"；纸质书对他来说，"仿佛一个骨灰盒，每个骨灰盒里一个不死、不同、不吵的人类的灵魂，进进出出，自由自在，无始无终，一副人间天堂的样子。——整个人都好了"；瞧瞧他怎样地嗜书如命，"我还是想尽量多读一点，谁知道下辈子还有没有或者变成什么，还能不能享受读书的乐趣？"——单单这样的几句话，或许能让不喜欢读书的，爱上读书；喜欢读书的，更爱读书。而读书是多么奢侈的一种享受！

的确，他超凡的境界，一般人注定追不上，但我们该知道，世上确有这样一类人，他们凭着自己的努力、才情和智慧，把生活过得如诗如画如梦想。

可以确认的是，他一定没有他自虐式的自我画像那样的不堪，他不过是在看透了这个世界、看透了生命、看透了自己之后，仍然义无反顾地热爱生活，努力工作，及时享乐。

维克多·弗兰克尔说过，幽默是灵魂保存自我的另一件武器。那么，冯唐的灵魂，躲在自己幽默的文字里，一定安全得让人仰视，让人嫉妒！

（二）读冯唐的《不三》

这本《不三》，由生活中的思维碎片组成，照样闪着思想之光。不过，他的文字不再恣肆，锋芒也似乎钝了不少，字里行间（其实也没有多少"字"和"行"）分明多了些从容、淡定和释然。想"后半生致力于提高性激素，熄灭好胜心，不做胜率的计算"，所以，他选择"以后只和两类人花时间／真，好玩儿／真，好看"；所以，他决心"年纪半百之后／每一笔／每一画／都是试图除去前半生的傻×之处"。

连风流倜傥、玉树临风的冯唐都矫情起来了，不停地在感叹时间。若不是年华暗换的焦虑，又怎么"爱上了Ta爱你的感觉"，这不是孤寂又是什么？请听："时间简短，想看的书看看。一辈子过完"；"一生只有三段，早上、中午、晚上"；"时间／只有伟大的时间／知道一时的尘土和青山"……特想知道，在历史的长河里，那么多、那么多曾经在时间面前装洒脱的英雄，难道都是假象？

即使是写爱情，冯唐所关注的，也基本是"前生"和"来世"，"今生"被严严实实地裹藏着，如同他故意错乱的代词"她"和"他"。再听："那些第一眼就坚定地爱上我的人啊／我看着你的眼睛／坚信上一世我拿走了你的宝物没还"；"我想念你／我觉得我们会在不同时间空间里／以不同速度繁盛和老去，不复相见"……

当然，像他的其他作品一样，这本《不三》里照样少不了冯氏的玩世不恭。他还是那样冷冷地剥光人性的外衣，把欲望写得露出了骨头，但也还是"不三"，绝够不上"不四"。因为欲望那点事儿为人性所共有，不是他的专利。

通篇读下来，这本小书有点像卡佛的短篇。作者用节俭到吝啬的笔墨，不屑似的胡乱描画，想说的都没说出口，只等待有缘人自行解读。因此，他的三句能顶万句，涵盖时间、生死、爱恨和孤寂，尽管不是小说。喜欢他的，会视之为"小妖"；不喜欢的，不过是一小撮一小撮的苍白和无聊罢了。

熊培云的大情怀

（一）《一个乡村里的中国》

这是一本装载乡音、乡土、乡情以及古朴的生活、恒久的价值和传统的书。

一位有良知的知识分子，几乎是抹着眼泪，带着默默温情，关注农业、农村、农民，为乡村文明的凋落在悲愤、悲叹的同时积极寻求解药，全书充满了鲜活的生命体验和淳朴的家国情怀。这一点，会让任何一位有过农村生活经历的读者心怀感恩。毕竟，我们都有过乡愁，都曾见过家乡的千疮百孔，但又有多少人有熊先生那样的努力、能力和行动！

在作者的眼里，"农村"不再是个暧昧而沉重的字眼，不再是贫穷、愚昧、闭塞、落后，而是被时代遗忘的角落，是游子的出发地，也是长系于心的家园。

推崇这种理性思考、感性表达的文字，更有作者不管这个世界什么模样，不管心里有多大委屈，却总能看到生活中的美好，并为此心怀感恩的人文情怀。

（二）《自由在高处》

"集中营是用来干什么的？""——用来逃跑的。"

这个答案瞬间让客体反转成主体，让被监禁者有了自由。所以看到萤火虫，作者不会忘仰望星空；看到笼中鸟，他总能发现其"每个羽毛都闪着金光"……这不是盲目乐观，而是看清世事后的豁达。

"101－102＝1，请随意挪动1，0，2，让这个等式成立。""——让2上移。"

这一思维模式，打破了人们纵横、左右思维的惯式，站在高处找答案，看似简单，却非常人所能企及。正如作者所说，社会是一个拥挤的广场，你左冲右突依然看不清方向，但站在高处，会豁然开朗。

对于林林总总的社会问题，作者都有着非同寻常的认知。他直面社会黑暗，揭露人性污点，但从不笑人齿缺，更不绝望，而是理性、积极、耐心地描述，旁征博引地予以剖析，且带着满腔的家国情怀，努力寻找并尝试提供答案。

作者智慧练达的文字里，包裹着深邃的思想，让人无以抵挡。这一点颇像刘瑜。如果说刘瑜的文字和思想有女性的细腻、尖刻、小调皮，大多是带着"皮笑肉不笑"的表情，机灵古怪地哀其不幸、恨其不争的嘲讽的话，熊培云则眼界更宏阔，思想更庞博，笔调更郑重，全书透着一股君子铁肩担道义的凛凛然。

同样是揭露社会的灰色，把脉社会国家的走向，作者比鲁迅更平和，比胡适更有针对性，比狄更斯更有担当……

是啊！生活在远方，你需要当下就迈开腿；自由在高处，你须得坚持站着别趴下！说到底，想要一个好的社会，你自己先得做个好人；想要国家有前途，你自己得不悲观，向前看！

……这是一本思想澄明、处处能看到阳光和希望的书。

当艺术碰上了哲学

《花非花：周国平对话王小慧》，一位艺术家（王小慧）和一位哲学家（周国平）的深层对话，俩人的思想电光火石般地碰撞、融合，发酵、升华成一系列智性火花，绝妙深刻得让人读来猝不及防。

王小慧，一个真正意义上的自由艺术家，是当下少有的有资格有能力把生命调整成漫游状态的社会人。

她用语言反复演示着一个人怎样把自己钟爱的事业做到极致，且乐此不疲。而周国平不失时机地引导、点评、深化、总结，使俩人看似散乱的对话，统一在生、死、爱这些永恒的主题上。对话内容中的历史记录、人物故事和西方文化等和穿插在书中那些鸿蒙的照片一起，立体成一本颇有品质的书。

她强调花有灵性，他说死亡是另一种生命。他们共同认可：世界的秘密隐藏在细节中。而每一个细节都是独特的，必包含概念所不能概括的内容……

　　哲学与艺术都是人类精神生活的形式，两者在本质上是相通的，所以，好的艺术作品必有一种哲学的底蕴，传达了对世界和人生的一种基本理解或态度。而深刻的哲学思想大多能达到对生命的最艺术的表达。借此，两个对话者都已抵达，幸运的是读者。

　　看花是花，看花非花，看花还是花。这三种境界，每一种在本书中都得到了细致入微的阐释！

书痴董桥

读《似是故书来》，本是冲着董桥开始的，却陷入了汪洋的书海，看到了书的灵魂（不是非人文意义上的）。于是被各色藏书家的"书之情缘"所吸引，读来更像是在梳理书与生命的纠结关系：生命何以会从书中或者书何以会从生命中获得真正的意义和力量？

首次集中地读藏书家们的故事。可爱又顽固的一群人！狂欢似的寻书、买书、藏书、读书、爱书！如痴如醉，如疯如癫。有人说，"书是河流，书是人生阅历的注解"；有人问，"没了书，我还会是谁？"；有人叹："真是一部杰作，你这该死的家伙。"（西格弗雷德·沙逊）⋯⋯巴黎莎士比亚书店创始人比奇的这句话，大概可以概括本书的主题：

Passion of the books, by the books, for the books.（为书痴，为书生，为书活）是的，关乎书的激情，几乎澎湃在每一页，以至于明明手里捧着 iPad，读的是电子版，却分明闻到一股股书香。在藏书爱书者的书房，书走进了天堂。

不过，本书从毛尖的"来一个睡一个"开始有些降温，直到后来的同名文章《似是故书来》才有回暖。毕竟，书店老板斯宾瑟的《四十年贩书偶记》，集结的可是英国18世纪后半叶的文学大咖，济慈的病逝他乡，勃朗宁的悲伤，王尔德的视才傲慢等，这部分内容不仅盘活了那段大家辈出的时代，其实也挽回了读者。

不管怎样，读后最强烈的想法是，余生用书来慢慢装点自己，造就自己，生成自己，如果不是在书中找回自我生命的蛛丝马迹的话。

又想到了董桥，还得继续找。

吴念真的这些人那些事

  吴念真的《这些人，那些事》是完全超出阅读期待的一本书。

  "这些人，那些事"，千姿百态，展现的都是人与人之间的深浅关系。作者写亲情、友情、爱情，都是真；写寂寞、思念、期盼、邂逅，从不煽情。清清爽爽的文字一路写下去，不淡不腻，却把感动刻在了读者心里。

  笔是他的摄影机，长镜头里是人世远景，特写镜头下是人间万象，而情从他的内心溢出，在文本内外回荡。不得不说，作者对人间的大情小爱，有着非凡的感知力和领悟力。明快的叙事节奏，极强的文字画面感，戏剧化的冲突，饱满的人物性格，使得每个故事都像刚刚从日常生活中直接剪辑出来的，新鲜，真实，立体，带着颜色和温度。让人想起卡夫卡所谓的"斧头砍向内心冰封大海的感觉"。遇到这样的文字，何其有幸！

  如《思念》一文，小孩子之间纯纯的发乎天性的想念，让他清淡、利落的文字一描述，被逼出了眼泪，也想问世间情为何物，爱到底是什么。

当然，也不都是浓情藏在浅淡里，有些故事隐藏着令人震撼的张力。如《仪式》里，写乡下老父亲替被行刑的儿子收尸，"孩子的衣服换好之后，父亲盯着儿子看，默默地抽完一根烟，然后忽然发疯似的开始用力地打他儿子耳光，一边哭着说：'我是谁你不认哦？你都不应声？枉费我养你这么大，还要我这个老的帮你送上山……'结尾处，猝不及防间，那位父亲跟孩子说：'你，我一世人舍不得打……为什么今天非要逼我这样打……你才认得我？……'"

……………

故事太短，不敢轻易剧透，但值得阅读。

又及，"思念，的确是另一种形式的忧郁或焦虑"，本书中最喜欢的一句话。

像西西这样一位读者

读完西西这本《像我这样的一位读者》，一个蜜蜂的意象挥之不去。万花丛中过，沾一身艺术花粉，酿得思想之蜜，广撒四面八方。

本书形式上像摘要，但没有被提炼后的纯粹的骨感，而是把一些穿心穿肺的故事，新新鲜鲜、热热乎乎地端到你面前，让你亲身体验当事人的各种无奈、无力、无语、无畏、无悔、无怨……

作者颇像一位收纳高手，扫视一遍凌乱的空间，然后撸起袖子，三下五除二，尘归尘，土归土，世间万象便被她神奇地摆在了你面前，然后看着你或摇头，或唏嘘，或无语，或感叹。

西西更像她崇尚的爱搜集故事的博尔赫斯和卡尔维诺，用的是凌乱、俗丽的巴洛克风格，集结起像纳博科夫所言的"几辆震颤"的作品，稍加归置雕琢后和盘端出，只让每个故事的结局散发出一丝暗光，一种霉味儿，人性的，生活的，自然的，社会的……

例如《漂浮在河之第三岸》中的父亲一直没有回来。他也没有到别的地方去，只一直坐在独木舟里，在河的中心漂浮往来，从不上岸。——那个第三岸，是他自己吗？他成了生命的摆渡人，只不过摆渡的是精神，是灵魂。很想知道，那条独木舟里载着西西什么样的念想和情怀？

《消失在远方翠绿的土地》里，有绝望的盼望，有追忆的绝望，"苏珊娜，请你回来吧。"主人公呼唤的何止是青梅竹马的恋人，那是他记忆中那段不老的时光；而消失在远方绿色土地上的，何尝不是人类共有的生命和希望？

《你遇上什么麻烦了》中那个爱上人类的机器伊比凯克，留下遗言和500首诗后，选择了自杀。他的善意和热情，是人类的稀缺，而他的出现，成了人类最大的麻烦。

《女孩和牛》，残酷的现实把女孩的命运和牛链接在一起。牛被污浊的洪水冲走了，女孩的命运之舟必将偏离方向。然而，救世主在哪里？谁又能阻挡这滔滔的山洪水？

…… ……

离奇的故事一个接着一个，西西一定有很多话要说，但很多时候，节制如她，却只点明作者的姓名和国籍，从不以个人的喜恶解读人物、世事和风物，但你却无法忽略她的存在。是她的慧眼心智，成全了眼前这个不一样的世界，还有不一样的世界里不一样的是是非非。而且越是精彩，你便越是念及她的各种才情，所以西西这个名字，连同她读过的一个个并不美丽的故事，还有故事里那些奇奇怪怪的人和事，一起驻留在你的记忆里，每当想起这些故事，便会想起那个让你记起这些故事的人。

必须要提到的是，西西还以悲婉的风格，表达了对博尔赫斯的喜爱和敬重。正如博尔赫斯小说的特质，在这本读书笔记里，有时候你不知读的是西西自己的描写、论述，还是小说作者的描写、论述，又或是此作家作品中人物的描写、论述？而当你试图重新理清思路时却恍然大悟，生活不就这个样子吗？太真实了，就不是生活了！比如以多重叙事展开的《如果是冬夜一个旅人》，西西本人陷在卡尔维诺和他的小说里，你又不自觉陷在西西对卡尔维诺的小说的转述里，你、西西、卡尔维诺，又同时陷在卡尔维诺设计的他自己作为主人公的小说里。尽管读来有些喘不过气，但你却受虐狂般地越陷越深……人物的内心在大声独白，意识流动出聒噪的声音，故事的起始和结局被剪掉，你被逼着承认过程最重要……西西显然认可这样的表达，要么怎么把这么长的篇幅给了这一现代主义的写法！

最后一章里，西西总结道："作者已变成他作品中的人物，书本中叙述的地方，既存在，又不存在，作者随着书本隐隐而来，仿如在虚幻中旅行的幽灵。追索小说的根源和延伸或者是不重要的吧。"——这大概是西西对自己这本读书笔记最好的题解吧，所以她选择了这样的形式，记录其他作者的文字，记录自己的阅读、思想和认知。因为她明白自己成了作者，最后也将成为她所称的"变成她作品中的人物"，所以，我们才有幸看到她随书本隐隐而来，虚幻得像"幽灵"……

马家辉的死法

香港作家马家辉的《死在这里也不错》,是一本洒脱不羁的旅游随笔,行文干净丰美,语言节奏流畅、轻快而有节制。前三分之一以日本为主的随笔,写得最为出彩。向田邦子,夏目漱石,三岛由纪夫,村上春树,川端康成,太宰治等,一系列大家的名字以及与他们有关的时、地,还有作者细腻的感受和发散性的联想,一起在书页里闪动,组合出极具个性的思想和浓郁的日本风味:雪国,樱花,武士,小巷,和服,美食,酒馆,咖啡屋,木屐的啪啪声,应有尽有……

之后,作者的脚步散乱在地球上不同的城镇,留下不浅不深的脚印:布拉格,伦敦,剑桥,牛顿,波士顿,巴黎,维也纳,埃及,卢克索,等等,且每一处都能找到以一些大作家及其经典作品作背景的联想和思考。难怪马先生崇尚英国才子阿兰德·波顿,风格何其相似,除了对所到之处固体景点的淡化之外,布拉格的卡夫卡，昆德拉《生命不能承受之轻》中的托马斯，维也纳的莫扎特，萨尔茨堡的卡尔维诺、《音乐之声》，剑桥李约瑟的《中国科学史》，阿兰德·波顿的《机场里的小旅行》，诺奖得主帕慕克的《伊斯坦布尔》……一位饱读诗书满腹经纶的作家对书籍的热爱，也贯穿于他旅行中对书店的光顾和对买书的热情上。如果愿意或不得不爱屋及乌，那就不用发愁读书的"空窗"，本书里涉猎的近百本经典，足以打发今年热浪滚滚的夏天。

除了一般意义上的旅游笔记，妻子的贤淑聪慧，女儿的聪明任性，还有"我"的呆萌和不乏情趣，点缀在字里行间，如同旅途中不知从哪里飘来的花香，让人神清气爽。帅气的男人柔情起来，有不可抵挡的魅力！

李娟的天边事

(一)《我的阿勒泰》

这是偶尔翻开的一本书！作者的名字平凡得都不屑说出，大街上喊一声"李娟"，大概得有好几个人回头看；主题呢？俗气到柴米油盐茶，阿猫阿狗兔子耗子和蜘蛛；还有小标题，听着都没兴趣——我们家这，我们家那，我妈我叔我外婆……离当下的"高大上"，能差她家门前的整个戈壁滩！但是，但是一开读，却发觉清清爽爽、干干净净，滑滑的、嫩嫩的，不是醇香，有余味，是回甘，耐思量。

作者一定是把自己几十年储蓄的记忆库，像大扫除一样翻腾个遍，不忍心丝毫的断舍离，一股脑儿地用文字记录下来，细嚼慢咽，唯恐其失色或被遗忘。屋内屋外，心上心下，天地四季，无不聚拢在她的笔端，心甘情愿地听候调遣。

作者的心里，似乎装着永远也写不完的情和景，花样多得如同天上的星星，她随便盯上一个、随便那么一看，就能掉下个有趣的故事来。蓝天白云，日月星辰，雪山森林，沼泽，冰河，风雨雷电，遮雨棚，塑料袋，马庄子，老林老鹰老鼠老头和老太……小鸡小羊小猪小狗小兔子，还有邻家"该死的"酒鬼和小孩，"深藏在远远近近的河谷里一个比一个孤单的毡房"……真想知道：她是借此扩充时间的空间还是拔伸空间里的时间？反正她不太长的过去，涵盖了整个南北东西！

大多时候，大多数的平凡小事，只是在她心里随便一琢磨，就有了你无法否定的真谛。比如"造成野生动物的濒临灭亡，并不是仅仅因为猎人的缘故吧？还有这人世间的欲望……且更为狂妄"；比如她淡然谈论生死，绝不像冷心肠的哲学家那样，恨不能剥开人的肉体，告诉你生命的脆弱；比如"这荒野会让你觉得自己曾努力去明白的那些道理也许才是真正没道理的"；比如她朦胧的单相思被解释为"年轻，或是因世界的种种美丽"！比如"海洋的广阔不是让人去畅游的，而是让人去挣扎"；比如……

她的阿勒泰，斑斓着各式各样的色彩，能新鲜出声音，活泼成狂欢：白桦林的黄叶，绿茸茸的山坡上翠绿、碧绿的草，高处森林"蓝一样的绿"，黄澄澄、金灿灿的朝霞夕阳，深蓝的夜色，粉蓝、湛蓝的天空，雪白的毡房，"魂魄样白的云"，"山谷里艳艳地开着红色和粉红色的花"，森林边清澈得像空气一样的水，"从下方幽幽向上渗着蓝色的寒气"……而她，或行或跑或跳或躺在其中，活成花的模样!

　　身处世界尽头,她总在不安分地走啊走,于是她遗留在山间、河畔、草丛、沙漠、森林边,戈壁滩的脚印里,储蓄着她各式各样的孤寂,就像那栋"只剩窗洞门洞的楼一样",等着回应远方世界的呼唤。但必须承认,她的孤独是美丽的、可爱的、通俗的,也是深刻的……

　　生活在这样的孤寂里,她用想象和思想制造喧哗:跟着一字形的雁阵去远方,看着城里来的女人想她的过往,弹唱会上"观察观众们整齐一致的表情",凝视"'吻'/在天空,一定有更为深情内容的云朵"?还有思索为什么世界那么大?为什么自己"能看能唱能想能笑却成不了绿"?

　　…… ……

　　读完最后一个句点,最想说的是感谢!感谢作者的一双慧眼,感谢她那敏感细腻的心,感谢她天马行空的狂想和清朗的思想!感谢有她!否则!否则天边那样一个地方,云卷云舒,草长莺飞,天遥地远,民俗民风和民情,美给谁看?

(二)《阿勒泰的角落》

　　翻开李娟的书,纯粹是想在夏天的燥热里,找些静静淡淡、新新鲜鲜的神清气爽,闻一闻遥远的阿勒泰古朴的烟火气息。不过,幽静朴素的是生活,那里的人,却有着活跃热烈的灵魂。

　　阿勒泰的角落,似乎什么有趣的事情都发生过:给鱼做人工呼吸,把鸡卵放在胸罩里,把洒水壶当玩具卖,把老鼠当兔子买……大漠孤烟里,连她的爱情也平淡得像她家帐篷外的草甸,无所谓伟大与渺小、美德与恶行、高贵与卑微。

她在自家的商店内察言观色,在戈壁滩河谷边拷问生活,在日常生活的单调里体悟人性,在夕阳星月下省察自我。"鬼都不愿路过的"桥头镇的单调与空乏,硬是被她笔下的人生活得叮叮咣咣,蒸蒸日上。有人说,生活,最重要的是有希望。然而,那样的天遥地远,那样的一群人,他们的希望又是什么?是亦舒总结的很多很多的钱?很多很多的爱?还是健健康康?反正生存的不易、生活的味道,被李娟用文字锻造出了真、善、美,价值和意义!

李娟的文笔,简单淳朴,有节制的俏皮,静悄悄的热烈,还有些装作无辜的风凉话。

写寒冬,她只写脚印:"其实一整个冬天里,银行门口就只有那一串脚印。"但白雪上弯弯曲曲的灰色脚印,却踩踏出读者多少的想象力和回忆。毕竟,脚印的上面,写着的可是瞬间消失的时间啊。

她写自家的电灯绳,"连续拉扯五六下灯才亮,他过来修了一下,修得它只拉三四次就能亮了";写山里孩子的唯一玩具空酒瓶:"很好玩的,因为它可以用来装水。而且,装了水后,还可以把水再倒出来"。儿童的世界,乏味至此让人唏嘘,但她从不强调,却把一种深沉的恓惶和失落悄悄涂抹在她干净的文本里。

她还总有太多的"想不通",多得让人想不通。比如"有着这么一张美丽面孔的人,为什么给人更多的印象却是平凡"?比如"温和的粮食和温和的水,通过了一番什么样的变化,最终竟成了如此强烈不安的液体"?又比如"能像说话一样说出风景来,为什么就不能用线条和颜色把它……出来呢"?还有,"究竟是什么样的力量和心思,让这个世界既能产生磅礴的群山、海洋和森林,也能细致地开出这样一朵朵小花儿"?再比如"为什么受到比我们强大的事物的伤害,就是命运。而吃了老鼠这样弱的事物的亏,就仇恨它,认为全都是它的不对"?……

诚然,如果她只是一味装傻卖萌地琐碎,李娟也就成不了作家李娟,但她长于给自己文字适时恰当地添加佐料。

在描述了一番蒙古人天生具有舞蹈 DNA 后,她漫不经心的一句"我是汉族人嘛,我的心中已经装满了别的东西",即刻让简单有了内涵;大雪过后天边奇迹般地出现了彩虹,而两个赶马人只互相询问路况,"却没有说彩虹的事"。显然,在拉爬犁的人眼里,彩虹又有什么意义?他们惦记的是生存,而非生活。她还常常从河边的那些小花小草里,硬生生地挤出哲学味儿:"所谓真实,就在人间拥挤的话语中一点点远去……我说出的每一句话,到头来都封住了我的本意。"还有那个修鞋的残疾老人,"他没有了脚,就再也不需要鞋子了,再也不需要离开了,可能也不需要爱情了。可是他还是要活下去"……

李娟的写作,有着别人无法模仿的套路。面对某个物体和方向,她四面八方地观察,前生后世地想象,直到从里面榨出李娟式的味道和意义来。看到裸露在外面的树根，她问"里面有没有迷宫"？秋天森林里的火灾于她，"是因为森林的渴望太巨大太强烈了吧？"；秋天在她看来可不只是秋天，那是"夏天努力地想要停止下来的那段时光"；连狗该不该咬人，她都要正正反反地琢磨好几遍："据说它见了穿制服的人就咬。问题是我们这里没有人穿什么制服的，所以它谁都不会咬。问题是，养一条谁都不会咬的狗干什么呢？"多有道理！

"稀缺"一词，是当下流行于人文知识界的新宠。其实正是"稀缺"，成就了李娟写作的地广天阔。阿勒泰的角落，不缺自然的温度和色彩，也不缺人间烟火，但智识领悟内的人文要素却是稀茬，所以她才把全部的热情倾注到溪水流沙、人畜花草、羊粪马圈，并将其随心随意地玩弄于股掌之间，成了极致的诱惑和非凡。

这样的能力、这样的人，值得花见花开！

想知道，一直向往远方的李娟，此刻是否已经抵达？

（三）《冬牧场》

读完李娟的《冬牧场》，有些东西放不下：那个远在天边的冬牧场在哪里？牧场的荒寒空旷还有吗？7年过去了，胡尔马西还寂寞不语吗？加玛的汉语学得怎么样？她如愿以偿过上城市生活了吗？那群总是低头乖乖啃草的羊群，上了谁家的餐桌？那几峰经常需要人找的倔强的骆驼，变乖了吗？那个黄沙白雪蓝天下泛着黑色的地窝子夏天会寂寞吗？重重沙丘外那几家孤坟还有人去探望吗？

居麻的孩子们开始定居生活了吗？……纪实作品写得如此让人惦念，大概算是成功吧！

但不得不说，李娟长于读心而短在记述。毕竟，看别人的生活，是眨巴眨巴眼的一个个瞬间，而自己的生活，要一分一秒、从心底里过！

《冬牧场》的开篇，就差点让她搞砸。一串黏糊糊的流水账，没有起伏，没有叠嶂，甚至连她最擅长的想象力也没用上。听，"话说这俩人原本去北面的邻牧场，结果迷路了。他们声称自己开汽车过来的，显然那辆汽车肯定不咋样，因为两人穿衣的架势跟骑马差不多"……这分明是遭遗弃的节奏！还好很快，就又找回印象中的李娟——"羊的一生是牧人的一年，牧人的一生呢？这绵延千里的家园……青春啊，财富啊，爱情啊，希望啊，全都默默无声"。"轻薄的六角形雪片，有时会在深夜里就着星空漫不经心地洒一阵。就那么点雪，稍稍吹点风就没了，真是小气。""我就是一只长着腿的空口袋，整天不停地往里装能吃的东西！"……这才是李娟！

每平方公里不到四分之一个人 的冬牧场，一群骆驼、牛和羊，居麻一家，地窝子，羊粪蛋，吃穿住行……如果说"阿勒泰"的李娟在生活——观云、赏花、侃"我妈"，那么"冬牧场"的她，则忙生存，吃喝拉撒睡都是问题，油盐酱醋都是奇缺。锅里飘着羊粪蛋，墙上垒的是羊粪块，烤馕用的羊粪火堆，还有做饭、取暖，统统离不开羊粪……不夸张地说，阅读的过程，能被作者笔下真正的生活味儿呛着，尤其是羊粪味儿，简直漫过屏幕一路相随……

21 世纪，同一片天空里，还有这样的人，过着这样的日子，活着这样的情态！然而，生活得不舒适又怎样？人类看重的是有希望。

"我在体验什么？"作者在第三十章里才开始问。是啊，她跟随居麻一家移居冬牧场三个月，想体验的是什么？生命的价值和意义？太空洞；孤独寂寞？太矫情；天地星空？太俗气；那么，是牧人和荒野的命运，还是人性的韧劲？她在感叹，"我身在此处，却离此处的世界那么遥远"。不同语言和文化导致的交流的不对等，期待与现实的反差，陌生地方的害怕⋯⋯欢乐或惊奇时不动笔，而选择尴尬冷清时记述已经过去的欢乐、惊奇——她在现实里挤压出来的反讽和悖谬，让人心生怜爱和同情，真想向作者致敬，且不问够不够格！

她常常仰望星空，打发寂寞。发现"进入荒野后，对太阳倒没有什么特别的感触，对月亮，却变得无比亲近"。是什么样的孤独、什么样的琐碎，能把日子咀嚼成诗情画意？"我的眼睛比镜头更清晰更丰满地留住了一切——这最后的游牧景观，这最深处最沉默的生存。"

居麻，一家之长。七尺汉子，侠骨柔情，有时愚钝，有时精明。小幽默，大情怀；小怨嗔，大慈爱；贪小瞌睡，做大事情。把吃苦耐劳和风趣硬是糅合成一个人的独特个性。只是怎么也无法把做针线活也加进他生活的内容里！

19 岁的女儿加玛，青春只与牛羊为伴，进城上学是她忧伤的理想。嫂子,沉默、坚忍、勤劳、节制。整天消沉在音乐里的邻居小伙儿胡尔马西,影子总是跟随他消失在远方的沙丘后面,那时候,天地荒蛮得连星星也不肯出现……

沙窝子的重要成员,还有梅花猫和熊猫狗。不过,如果不能从它们身上挖掘到有趣的故事,看到非同寻常的美和表现,悟到些许生命的真谛,那么,猫还是那只猫,狗也只是那条狗。生命远比所看到、所了解的更结实、更顽强。好在李娟做到了!从这些小小的生活经验里揣摩出更大的生存智慧,也是收获。

在迅速消失的时间里,逐水草而居的居麻夫妇,并不缺爱,但缺健康,缺青春,缺有质感的生活;冬牧场的孩子们,满目蓝天星光,但"如此缓慢地成长,又如此迅速地衰老"……老老小小几个人,一群家畜和地鼠,只属于天空的鸟,没露面的狐狸和野狼,都在那个我们想象不到的角落里,孤独着,落寞着,平凡得就剩下了时间,好像整个世界,除了牛圈就是羊圈!

只是,总觉得《冬牧场》里少了《我的阿勒泰》中作者那个不管左右上下东西南北、还是三七二十一都有道理讲的"我妈",如同少了麻椒的过桥米线,欠缺点感化味蕾的东西! 不管怎样,像李娟这样有勇气有耐心蜗居在冬窝子的羊粪味里品尝生活的当代作家,没有几个!愿意相信,她定会基于这么边缘化的体验,修炼出看到生命底牌的眼光和力量。

冬季牧场,荒野天地。"当人微弱得只剩呼吸,感到什么也无法填满眼前的空旷与阔大时,就只好唱起歌来,只好用歌声去放大自己的气息,用歌声去占据广阔的安静。"向往那样的宏阔,期望那样的安静!从此多了份心愿:想去冬牧场!

(四)《前山夏牧场》

当许多人理直气壮地炫耀对大自然的"征服"时,作者李娟,却跟从一个哈萨克家庭,游牧在冬库尔夏牧场,在微薄人烟和漫远的时空里,阅读那里的花草星月、牛羊骆驼。哈萨克族人的历史文化,古老的生活习俗,豁达、孤独、纯粹、仁厚……搅拌着自然的沉静和辽阔,通通被作者收拢笔下,全书如一幅水墨长卷,清淡翔实,充满了智性的光斑。

当然,最吸引人的,依然是李娟那碎玉般的文字、奇形怪状的思想,还有她习惯性放在括号里让你猝不及防的诙谐和看似不经间的疑惑。

"云多固执啊,哪怕在夜晚,仍然是白色的。"

"斯马胡力剥下羊皮,埋了羊尸。别的羊正远远地、喜悦地走向青草。"

"这经过我们而去的事物,这只知来处而不知去处的……妈妈会为之惘然吗?"……

李娟的眼里全是美,但心里却不无孤单。闲暇时她总是一个人走很远很远,但"却总是无法抵达想去的地方。只能站在高处,久久遥望那里",而且"每次出门,向着未知之处无尽地走,心里却更惦记着回家",她的心思交缠在脚步和灵魂之间,寂寥成长天秋水，孤鹜落霞，但却从不幽怨，而是借由这孤独而把持自己，"不悲伤，不烦躁，不怨恨，平静清明地一天天生活。记住看到的，藏好得到的"，和时间面对面。

李娟笔下的自然之美自不必说，生命之美却被她挥毫泼墨，凝重得能"惊天地、泣鬼神"：

"孤独而鲜艳的红漆摇篮置放在一片碧绿的、结满冰霜的草地中央。盛装的小母亲跪在摇篮前，解开衣服俯下身子，把胸脯倾向摇篮，长久地一动不动。我们也一动不动，勒住马，远远地环绕着，耐心地等待。清晨的雾气中，四面群山苍苍茫茫。"对于这位不到20岁的小母亲，生活是残忍的，但生命却折射出令人窒息的美！

一只小羊羔死了，眼睛仍然温柔地睁着。"小羊羔的灵魂沿着阳光下的阴影走走停停，头也不回，还不知道自己已经死去。"一条小生命的离去，文字绝望成双行眼泪，落成难言的悲壮与崇高。

阅读的过程，我不断地问自己，这支甘心沉寂在世界上最遥远的角落的人群，年复一年的栉风沐雨，顺天应地，逐水草而居，以馕为食，以毡棚为家……如此用力地活着，生命的意义何在？读完最后一个句号，才恍然大悟：也许，于他们，努力才是价值本身，过程本身就是意义！因为有时候，你的过程是他人努力后才有的结果，而你的努力是过程本身，活着就好！

那么，李娟的意义又在哪里？夏牧场那么大，山谷那么深，草场那么宽，夜空那么深，扎克拜妈妈一家的喜怒哀乐那么多，她在这无边无际的单调里，贴近地面，用盛情"款待"一草一木，见证着世界的"大和静"。我们是该艳羡夏牧场圣洁的时空,作者乐观的心态和精神的自由,还是该庆幸自己安定优渥的生活?是只跟从李娟在那个天远地阔的夏牧场来一场灵魂的洗礼,还是替李娟在溪流草场、骆驼牛羊身上寻找某种价值和意义?

的确,世界之大,人生之嘈杂,我们多数人没有机会体悟李娟笔下"牛仔裤又幸福,又孤独"的细腻,体会"一个人把自己嘴里的东西掏出来给你吃,这是多大的信任和亲热啊!"的力度,但我们该知道:在生活的枝枝蔓蔓里,她把自然和人性邀请进内心,让生命有了刻度;她拒绝了社会,却用力拥抱着这个世界。

(五)《九篇雪》

像她其他那些作品一样,《九篇雪》里的每一棵草、每一朵花、河流里的每一滴水,天上的每一朵云,每分、每秒,都可见李娟的灵感闪现,都被她贪婪地揣摩个遍:坐在河对岸六七岁的小姑娘,为什么会出现在她的生活里,为什么只有今生这一次的缘?夏日里的落叶,让她感受到切肤之痛,觉得"它们分明还在生长"。一个坐在旷野里思索头发这种"从肉里生出来的东西,为什么竟没有知觉,没有血液和温度?"的姑娘,让人不禁去猜测她孤独、寂寞和无聊的程度。卡夫卡说:"为了我的写作,我需要孤独。"李娟的孤寂,尽管成全了她的灵感,却总是透彻得让人心酸,好在她的灵魂足够有趣,足够强大。

把情绪、思绪写到极致,是李娟的强项,但最后一章,她选择以纯意识流的手法，写童年的回忆里那些剪不断理更乱的感受和想象。这些文字，有点儿像夏天一场暴雨之后从大地上蒸腾起来的雾气，自由，随性，四处弥漫，没有核心，没有方向，最终因没有缥缈成景而没了价值和意义。因为对于李娟，我们早已养成观赏的习惯，还没准备好整理、重构和猜度。遗憾正在这里！只是对于她五颜六色的思想，没有一点抵抗力。所以这"九篇雪"，还是一篇篇翻了个遍，乐此不疲。

余秀华的盎然诗意

余秀华的诗集《月光落在左手上》，是本放到书架上一直不敢翻看的书。因为她那些对孤绝和荒凉痛彻心扉般的体悟，也因为她的诗情之美与她摇晃着的身体之间的违和。

她在诗里几乎把每夜每天都翻腾个遍，再于生活的每个褶皱里都放点情感，然后屏息凝视，玩味，咀嚼，吞咽，用酸甜苦辣咸清洗自己，悲怜自己，搀扶自己……所以我们看到，苟活着的，不仅仅是那个"上门女婿"，那个"小巫"，那个"被镰刀砍死的野兔"，还有"我的悄无声息"。

她的诗里，有装满风月但却滴水不漏的木桶，有不遗余力开着的油菜花，有春花秋月，蛙声虫鸣，薄雾浓云，还有"给油菜地灌水时俩人的争吵"，沉默的呐喊，无力的挣扎，扭曲的美丽，黑夜的亮光……点点滴滴都被她投影在坚实的心墙上，雕刻成生活的本来模样和儿女情长。

很难想象，她"摇晃"的身体里，藏着怎样一片波澜壮阔的心海，让人不禁发出浪漫主义诗人威廉·布莱克式的惊叹：柔弱是你，强悍是你，痛苦是你，欢乐是你，梦想是你，绝望是你，哭是你，笑，也是你！

余秀华似乎不待见七彩色，独钟情于"白"，几乎每首诗里，都有"白"飘过：白天，白雪，白兔子，白胡子，白杨树，白月光，白罪行，白灯笼，白雨滴，纯白的麦子心，"多少人被白到骨头里"……尽管她认为，"白，不是一种色彩。而是一种姿态"，但我更相信，"白"更接近她生命的底色，纯洁，无限，虚空，乌有，清洁，谦卑，精密……

客观地说，不是每一首诗都很精妙，但这些从她简单的生活里流泻出来的情绪，有身体的温度，有灵魂的颤抖，甚至还有模糊的血肉，而那个在人间磕磕绊绊、在深夜里思索、在春天里思念、在田埂上歌唱、在文字里怅惘的人，其实比谁都坚强而健康，单凭她埋在字里行间那么多遮遮掩掩的渴念和毫不庸俗的伤感。

致敬余秀华！一个竭尽所有生气，读天、读地、读心、读时间的人！

见字如面的深情

说真的，我们必须感谢《见字如面》这本书，才得以堂而皇之地打开一封封私人信件，走进他人的内心，走进虚无的时间。

最是寻常百姓家书，更能让人动容。距今2400多年的第一封家书，同样是"烽火连三月"的情势，但不同于其他在忠与孝两难间无奈地选择了忠而从此无孝可施。这是秦军攻打楚国时兄弟两人写给兄长的一封普通的信，希望母亲寄钱和衣服，还有对母亲、妻女的惦念。温良恭俭让，考虑得如此周全。秦文明文化的高度，可见一斑。

阅读的过程，我一直努力在想象，兄弟俩身高多少？长相怎样？这封信可曾寄达？他们担心的事情发生了吗？他们急需的钱和衣服收到了吗？他们毫发无损地回家了吗？他们有后继的子子孙孙吗？他们知道自己的一封普通家书，能够被后人公开传阅吗？若知道，他们会改变信的内容和表达方式吗？

萧红写给弟弟的信里，满是做姐姐的喜忧和眷念。满腹心事而又满怀希望，一生中和弟弟那么多的擦肩而过，这是命运作祟吗？

韩愈写给鳄鱼的信，可爱至极。雄辩伯乐与千里马，细察"草色遥看近却无"的散文大家，对着鳄鱼指手画脚，岂不可爱！

用声音诠释人间情事的蔡琴，写给前夫的信，真心真切真诚的程度非常人所能及。

可爱老头黄永玉给曹禺写信，提醒他该学习阿瑟·米勒，说他"多么需要他那点草莽精神"，语气里的耿直和忐忑，朴实和坦率，还有落款后两个PS（又及），都恰是他的可爱！曹禺的回信里，写着一个大家的谦卑，真诚和勇气。字里行间透着一个小粉丝般的兴奋和激动。大家之间，互动的是灵魂！

读完刘慈欣写给女儿的信，我忘了未来忘了时间，只看到父爱如山。

《为阎姬与子宇文护书》，一封80岁母亲写给30年未曾谋面儿子的信，诸多的细节，都是母爱和思念。

林则徐被贬职伊犁，依然感激天恩高厚，给妻子报喜不报忧，体现的是中国人善良体贴的文化传统。

"你的形象荡然无存"，父子间的这种互为调侃，我固执地坚持认为是虚构，目的不纯。而非纪实类信件，不予以评价，算作态度。

16岁的林徽因的情书，才情兼备，理性、冷静而果断。能把情理清剪断的女子，一定不一般。"我降下了帆，拒绝大海的诱惑，逃避那浪涛的拍打"……这两句，足以把她归入文学家的行列。

73年的知青淘淘写给父母的信，带着历史的霉味。知识青年上山下乡，通过垛马草，接受贫下中农的再教育。教育的成果不言而喻，不寒而栗。

胖子罗永浩的信，个性十足，但更佩服俞敏洪的耐心，洋洋洒洒这么多字数，他竟然能读完。这大概是他成功的原因之一——惜才。

张爱玲写给王家卫的信，看不到她驰骋文学疆场的锐利，詹天佑写给美国房东的信，婉蓉、文秀间的互动，只是一段历史记忆而已。

徐志摩和陆小曼的两封情书，前者碎片化的文字，轻飘飘的冲动、感性，只有热度而没有深度，满纸虚情，谁信了谁傻。陆小曼的回信分明更理性更冷静，有逻辑，有细腻的分析和真诚的思考。情感的温度前高后低，分量却前轻后重。让人怀疑，五年后的徐志摩即使不遭遇空难，他们的婚姻也难长久！

曹越华在尸首遍野的战场，写给女友的信，才情俱佳，铁骨柔情，他一口气写了那么多鸟叫声里，不仅有对和平爱情的渴望，更有其对生命生活的热爱！

那封写给"亲爱的八弟"的信，一开始就强调"我只拣重要的说"，可中间竟有那么多啰啰唆唆的细节。可怜的书信者，他到底有多少年没跟别人说过话了啊！不得不说，不是不尊重！这封信，可爱得可笑，可笑得可爱。

司马迁的外孙"身率妻子，戮力耕桑，灌园治产"，且以此为乐，不是消极，那是疾风知劲草般的领悟。

"一直拿着国家的俸禄，也就没有了退路，只能准备战死了。"清朝北洋海军，自知"南洋及各省的官船，不光是没有训练，而且船身都跟玻璃一样脆弱"。无奈也是勇气。若叨洪福，可以得胜，且可侥幸，自当再报喜信。幸此幸此。忠孝两难全！

上帝给了人间爱情，却没有许诺生命无限，读黄宗英、冯亦代这两位垂暮老人的情书，悲凉的感觉绝对压倒他们爱的温度。如果有一日连爱的力气都没了，大概就是天塌地陷。有人说，真正的爱情是灵魂的事，灵魂会灭吗？

忠孝两难全，读到各个时代军人的情感纠结都有感动。铮铮铁骨男子汉的柔情，更能走进人心。

让我们读一读闻一多的政治嗅觉和爱国情怀："男在此为国做事，非谓有男国即不亡，乃国家育养学生，岁縻巨万，一旦有事，学生尚不出力，更待谁人？忠孝二途，本非相悖，尽忠即所以尽孝也，且男在校中，颇称明大义，今遇此事，犹不能牺牲，岂足以谈爱国？男昧于世故人情，不善与俗人交接，独知读书，每至古人忠义之事，辄为神往，尝自诩吕端大事不糊涂，不在此乎？"——一腔的荒寒！命运就是这样捉弄有志之士的？

"事实是，在忘乎所以的状态下，我有多少机会做这些正面报道，也就有多少机会给人带去创痛。"——当下，我们太需要这种有良知知道反思的媒体人了！

的确，对于善的渴望力量大到失去理性时，就这样转成了对"不够善"的恶意批判。——习惯性地感性地站在道德的制高点上指责别人的不善时，自己却不经意陷入阿伦特所谓的"平庸之恶"中的人，太多了。赞赏坦诚深刻的反省！

到此为止读到的最有哲学高度的思想，吴聪灵，对得起她这个灵动的名字！

人之将死其言也善，20世纪80年代宋振庭、夏衍两人的互动中，前者没有吴聪灵的深刻，但也是人性中光明一缕，而夏衍的宽厚里更多的是对过去行为的自责。人为什么要到了不能覆水难收的时候才觉悟呢？好在幸运如我们读者，可以轻易得到这样的精神财富，暖在心，显于行。

四川省会警察局印发这份通告别有深意。

"请识字的同胞念给不识字的同胞听。"——质朴无华的文字里，照样读出了爱国、责任、义务、勇气。尤其是后面的补充说明，说不上的味道、精神、人心、良知，不识字照样能够辨别是非！

八路军和日军小队长在战场上的书信往来，大概是史上最大的现实版反讽了。尤其是那个"在战场上见"，一股股君子之风！这种时空下人道主义之光，怎么那么刺眼呢？

欧阳修骂人，兵不血刃，不带脏字，文绉绉也可以有力道——"昨日安道贬官，师鲁待罪。足下犹能以面目见士大夫，出入朝中称谏官，是足下不复知人间有羞耻事尔"。

天才作家小道的绝笔信，小道在小说中曾经两次引用"太阳照常升起"这句话，而在屈指可数的某一天，小道的太阳将不再升起。最是生离死别，方显人生戚戚，人性微亮。

"妻娘子相离之后，重梳蝉鬓，美扫蛾眉，巧逞窈窕之姿，选聘高官之主，弄影庭前，美效琴瑟合韵之态。解怨释结，更莫相憎；一别两宽，各生欢喜。三年衣粮，便献柔仪。伏愿娘子千秋万岁。"——唐宋年间的这份离婚协议书，竟也有此等心绪，对文字的把玩，对妻子的善念。莫非是写来调侃我等后来读者的？

"容我将你的躯体关闭在门外，而把你的影子铭刻在心中。"——蒋碧薇和张道藩两封情书，想替古人重问"问世间情为何物？"让两人情缘深深，相牵相惜几十年不断。是得不到的总归更好，还是爱情只适合怀念？渡边淳一说，人类社会进化了几千年，唯一没有进化的是爱情。因为它难以传承，我爱的，我儿子不一定爱。爱情故事，大多一个结局。

柳如是原来才貌兼备，只可惜开首的时间写成1946，难道这也可以穿越？

自闭症爸爸写给儿子的信，若痴人说梦。语言有伦次，但显然纯属无奈的发泄。越是自我调侃，越能体现出几乎崩溃的心。正如同想哭的时候却笑出了声，那是复杂情感的释放。

看热闹不嫌事大的柳宗元写贺信安慰别人家的失火，真可谓视别人家的金钱如粪土。只是一个不知收信人的仕途是否如柳大人所愿？

2001年，邱文周参加台北市社会局举办的预留遗嘱征文活动，以一位因罹患癌症而自知不久的身份，跟女儿玩了一次消失永久的游戏，不知多深的爱，才让爸爸想出了这个思路，安慰6岁的女儿，而10年后女儿的"我赢了，是不是可以哭了"的问话，好让人心疼！

郁达夫写给沈从文的信，一定是竖着眉毛写完的，激愤之情，溢于言表，知识分子面对世事荒诞，也只能这样用文字当枪炮使了。

烽火连三月，家书抵万金——左权对妻女的思念，想象女儿膝下绕的天伦之乐。

顾城和谢烨，情深缘浅，童话般的开始，黑色幽默式的结束，爱情可能是世界上最具多面孔的魔术师，一会儿妖娆，一会儿狰狞。顾城那双黑色的眼睛，注定永远只能睁在黑夜。地狱里哪有光明。

路遥的"人，不仅要战胜失败，而且还要超越胜利"，真有高度，最近的畅销书《精要主义》中，作者强调的也无非是这个观点。

杨开慧托孤，感念先烈，和平万岁！

不得不承认本书读出了人生的虚无和苍凉，不管他们曾经惦记什么，担心什么，在乎什么，需要什么，期待什么，现在看来都已经毫无意义！毫无意义！在无限无边的时间里，人活着的意义是什么？还好每封信里都曾经有爱，对社会，对家国，对好友亲朋，很少有自己。

你大过我的世界

乔一在《我不爱这个世界，我只爱你》里说，"我不爱这个世界"，但却把一个可爱的乌托邦式的世界留给了读者。

在她的世界里，生活是泛着青蓝色的湖泊，涟漪卷着情感的小浪花，跳跃在兴高采烈里，没有大风大浪，不见潮起潮落。

在她的世界里，一切小事小情，用智慧幽默的语言一打包，瞬间有了颜色、温度、形状和味道。阅读的过程好似在欣赏春天里满园子的小花，带着露珠，沐着橘黄色的阳光，透着一副可怜兮兮的可爱，不卑不亢，不浓不艳。

忙碌里有头有序，闲暇时不寂不寞，幽默为根基，打情骂俏是佐料，再加上适时的伺机、火候，硬是用情商把一地鸡毛的生活煮成美味佳肴！

小词，短句子，简单的标点，用起形容词来比海明威还节俭。行文有时简单利落得像相声段子，紧凑急促的捧哏逗哏间，让你捧腹，笑得像神经。

总是在理直气壮、光明正大地叽叽咕咕着生活中小阴险和小损招，但你只有摇头，却苦于找不出任何鄙视、嫌弃的理由。

从初恋到婚姻，从路人甲到闺蜜、婆婆和亲妈，中学时代的女神，大学时候的室长，下铺的C，富二代前男友，不管多么好，多么坏，多么奇葩的行为，多么狗血的情节走向，都能在生活的褶皱里摸爬滚打出美丽和善良。

爱情、亲情、闺蜜情、同学情，有时浓得让你鼻酸，有时扭曲到惺惺相惜不离不弃却又不共戴天，全是因为作者有实力把悲情催化成戏谑，把矫情淡化成可爱的厚脸皮。

她的爱情里，没有阴谋和心机，没有死去活来的盼和念，没有鸳鸯蝴蝶腻腻歪歪，没有简·爱和罗彻斯特之间的不对称，一切水到渠成，瓜熟蒂落。

哥哥在她生病时想好"把名字改成我的，替我在这个世界上继续活"，紧张的高考时段全班默默为某同学叠幸运星的气氛，被她定义为"用来满足虚荣心的"闺蜜……种种关系里都是清一色、意想不到的幸福结局！

这种纯粹理想型的人与人之间的至真至纯，想必来自作者对托尔斯泰"幸福相似论"的迷信，所以才在书中集结了各种相克相生相容相悖的情感关系，提炼出阳光般的暖心暖情和暖意，让人觉得不仅她周边的人很可爱，她爱的人很可爱，她很可爱，生活很可爱，生命很可爱！连她书名中声明不喜欢的这个世界，也很可爱，生老病死，都是色彩。

然而必须承认，世界的精彩和生命生活之美一定是因为诸多不精彩不可爱的陪衬，老子将其归纳为"天下皆知美之为美，斯恶已，皆知善之不善，斯不善已"。因而断定，本书中的真、善、美，一定不是一个社会人生活的全貌！我们可以近处欣赏，远处观望，但最终仍须在自己的地图上寻找自己的路，悉心经营单属于自己的幸福！

作者在书中这样自我定位："对世界有关怀，对生活有幽默感，足够豁达乐观，坚强而且善良。"的确，我开始幻想，如此善良有趣的人，如果成不了闺蜜，至少应该成为一本书，或放在书架，或带在身边，累了困了烦了倦了，能随时翻翻。

路过你的世界

张嘉佳的《从你的全世界路过》,是一本蘸着青春的色彩和味道写就的小书。大多是些用正常思维理不顺的钟情、痴情、纯情和蠢情,简洁、直白、干脆,但百分百的真!

有时候清新得有些深重。这种俗俗的清新,颇似从树丛里、山泉旁、麦浪间飘来的一缕风,似有似无,若隐若现。尽管都是些不大可能刻骨铭心的小情小爱,不会痛彻心扉,不会有作者所谓的"缝胸腔"的后果,但痒痒的,钻心、穿肺。常常在你该哭的时候却笑出声;想笑的时候,鼻喉不畅。

清秀的小故事,利落的情节,猜不透的结局,躲在生活的夹缝里摸爬滚打的一群年轻人,结局里有悲、有喜、有失落、有绝望、有逃避不了的宿命,还有"眼泪微笑混成一团,时间过去,一笔笔账目已经算不清楚"的不定数。

可贵之处在于,当你对这个世界绝望时,会发现世间还有那么多真情在,所以剩下的只有挚爱,尽管举步维艰。

猜想作者一定是那种智慧、敏感、情愁、善良、敲打键盘到动情处没准会偷偷抹眼泪的性情男人!否则他可就是个感情骗子,只是读者或许心甘情愿被他的文字欺骗得七零八落,谁让文本中折叠着那么多的温暖呢!

窗外骄阳里,蝉在高昂单调地叫着,树荫是它的全世界,我也算是路过吗?

文珍之"柒"

文珍,最年轻的老舍文学奖获得者。第四本书《柒》里讲述了7个故事,都是情事。开篇的《夜车》,"漠然","无聊",夜间火车驶过铁轨上的重复单调,还有窗外"黑黢黢"的风景,巨兽一样的山口,月台上面无表情的旅客,县城里百无聊赖的女店员,来去匆匆神情黯淡的本地人……这样的基调,能包裹怎样的人生?

有极简主义小说家卡佛的特色,只不过色彩多了一些。

没有未来的海誓山盟,似乎更有力量:"你回头可别犯傻,偷偷跑到我找不到你的地方去死。你别逼我把满世界都翻过来。"妻子对患肝癌晚期的丈夫老宋说。语气轻松调侃,内涵沉重得能打碎心脏。

读这就是"夜车"的故事。全书7个故事中写得最好的一个。

《牧者》女研究生,课堂上爱上一个才华横溢的男教师,于是开始在想象的天地里,放牧单相思式的暧昧和情感。结果,被牧者的冷静和任性让她大梦初醒，牧者也只是个牧者而已。

《肺鱼》细碎动静更显出饭厅教人窒息的死寂。两口子之间只剩下"肺鱼"的话题，比生活中的废话还无味！

被爱称为虾的妻子像一个问号，一个哑谜，一个每夜躺在身边的不定时炸弹。俩人过日子的心态就如同虾的心态，紧张局促不安。敏感羞怯。精巧，体温偏低。暮色四合下的围蔽感。

说多错多。越说越错。

《你还只是个年轻人》里，得了抑郁症的心理科医生，怎么能治好老同学的抑郁症。当下的社会压力好大，来自四方八面。

《暗红色的云藏在黑暗里》三观不合的人，再怎么样的缘分，也合并不在一起，况且，对于薛伟这样的人物，我们是该诅咒这个社会，诅咒人性，还是仅仅啐口唾沫，说句人渣？

《风后面是风》，一个异地恋而失恋的姑娘，剖析自己的心态。她只不过想要"完完全全凭借一己之力免疫，自救，康复。不需要别的可能性，不借助别的什么人，不需要任何虚幻的保障"。只不过，这个只不过太难了而已。

天空上面还是天空，道路后面还是道路。最可怕的是前面一句"永远是这样"。那么，还等什么？怕什么？怨什么？恨什么？终归，还是得给自己留点念想和希望，就让敲门声再"笃笃笃笃"一会儿吧。

《开端和终结》，"爱是一种过度被夸大的人类情感"。被两个婚外恋人夸张。被言说了几千年的情事，不紧凑，内容庞杂。

读这本书,好似手里拿张夜车票,驶向那个人人都有份的归宿。沉闷,沉重,沉默着,真真假假,是是非非,清清浊浊,生活从来都没有一清二白的时候。爱的,恨的,留恋的,厌弃的,都终将化作烟尘逝去。

伴侣同行

　　一对情侣,两位好友,在揣摩透生死之后,放弃了尘世碌碌,飞到索马里感受旦夕祸福,在零下52°的北极挑战极寒,在鬼城切尔诺贝利观核辐射的恶果,在南太平洋赏马鲁姆火山的壮美,爆满的荷尔蒙,蓬勃的野心,冷静理性的眼光,铮铮铁骨又不乏似水柔情,外加可爱的家国情怀,身体跟在灵魂后面,在现世里活得像梦一样……

　　这就是张昕宇《侣行》留给我的印象。不同于一般的探险故事,作者不只是满世界地体验恐惧,寻感官上的刺激,而是在种种非同寻常里,体味人类、人性、人生的本真和极限。

　　索马里:硝烟弥漫,子弹乱飞,生命如蝼蚁,而作者印象最深的不是恐怖恐惧,而是其后孩子们"干净的"笑容,老人们"普世"的笑脸,还有"一座城市的隐藏面孔、一个国家的希望"。对于难民营里的惨状,他没有揭他人伤疤,晒同情挥洒善良,而是冷静地反思,"见到了太多悲伤,却无法承载,也无法释放。意识到活着已值得庆祝"。

作者在马鲁姆火山面前那一段真心告白,其实比"北极求婚,南极结婚"的承诺更有力量:"看着身下翻滚跳跃的岩浆,真的,我差一点儿就跳了。人生不可能再完美了,这世界把它最壮美的一面,毫无保留地呈现给我了。无关征服,无关使命,我只想让自己的生命之花,在地球上最美也是最危险的地方,尽可能盛开得再绚烂一点。"相信这样的认识绝不是冲动,而是理性的深刻,更是直觉对"大美"的顿悟。

作者还在世界上最寒冷的城市雅库茨克,想向更多人传达这样的一种能量:"我们总是很容易看轻自己,却高看困难一眼。其实,很多事情人们只是不敢想,只要想了,就可以做到。"这几句被"冻"出来的感悟,胜似多少碗热乎乎的精神鸡汤!

不得不承认,我们多数人麻木被动地活在现状里,一味地寻求舒适,不敢轻易越雷池一步。而他们却用行动告诉我们,人生若单用舒适来衡量,该多么没有诗意!也告诉我们生活的态度能够左右生命的厚度,精神也可以带动身体飞扬!

窝在沙发里读完最后一个字,一个问题一直在脑子里回旋:生命到底是什么?是不断的自我挑战?是悉心的自我呵护?是天地间的放逐?是危险中的拷问?惜命的最好方式是养生还是折腾?……

不管怎样,撇开阅读过程中的心跳加速、热血沸腾、蠢蠢欲动,我不会把自己的生活导航调成直觉或做180°的反转。毕竟,这世上没有多少成功可以复制，别人认为的俗常烟火，也许恰好是最适合你的生活；别人用以挑战生命的行为，于你则可能变成对生命的摧毁。所以，除了做点自我反思，不会再去追他的《侣行》二、三、四……但一定会真心祝福作者的爱情，似火山般炽热，似冰川一样千年万年不变！也会立马"打开窗户，放阳光进来"；或是"打开门，让自己出去"，感受属于自己的那一片天地。

廖智之智慧

汶川地震中不幸失去双腿的姑娘廖智在《廖智：感谢生命的美意》中，没有诉苦，没有高深的道理，没有理不顺的逻辑，用血用泪用生命换来的领悟，不难理解，只是做起来谈何容易！

先为廖智祝福！

上帝送她来到现世，莫非是为了证明：没有了双腿，是为了更好地飞；失去了小情，却能得到大爱；不幸也可以是财富，坚强不是作秀。

冥冥之中，"鼓舞"这个词仿佛是为她量身定做的。她从死里逃生，在鼓上舞动，她带着假肢做义工，把自己活成美丽的天使，用力所能及，撒播人间真情，给世人做标杆。

她用幽默的方式面对生活，比起埋怨失去，她更感恩拥有。她在痛苦中找安慰，将疼视为身体的报警和生活的必需，把忍耐视为爱。她说友谊的本真是"伸来的一双手和满眼的疼惜"；说弱者需要的不是帮助、同情和鼓励，而是平等、尊敬和认可；说"就算到了世界末日，也要笑得像个傻瓜"……每一次领悟都如此高不可及！

　　她把丈夫的背叛诠释成他内心的不安全感；截肢后被推出手术室，她忘了自己，更担心爸爸的哭和泪。她对待生命生活的态度，尽管有诸多无奈，但不幸拓展了她的心境心海！还有什么比内心的强大更能抵御风寒？

　　一口气读完，没有同情她的遭遇，反而同情起自己。我们未曾咀嚼过死亡线上的挣扎，所以不能在生命的最低洼处感恩万物；我们不是真正的基督徒，做不到坦荡荡地爱天地爱敌人爱邻居。因而更多时候，我们活在自己逼仄的灵魂天地，患得患失，自怨自艾，忘了这样的道理：仰望星空，大概就不会记起谁说了我的坏话；奔跑在广袤的草原，大概不再去纠结谁动了我的奶酪、谁采摘过我园子里的花？

　　向廖智致敬！推荐这碗富含营养的鸡汤！

余世存的时间之书

读一读这本给时间做的小传《时间之书》吧！

跟着作者重新行走在从自然里剥离出来的时间里，闻不同时节大地的味道，看天仁地慈，邂逅飞禽走兽，体验热寒冷暖，踏雪寻梅，听风听雨看彩虹……

上下五千年，纵横四海八荒，作者把一切都安稳规则地系在时间这条绳上，你顺着时间移动，寻找着自己的坐标。倦了有百花盛开，清风蝴蝶；热了有清泉流响，冷了有炉火销酒，怎么读得厌？你会意识到，原来人的一生，就是这样风花雪月叮叮咣咣一年年一天天过来的！春种夏长，秋收冬藏，每分每秒都那么的有质感！所以，阅读本书是更像读着自己的生命长度，对过去有怀念，对现在有珍惜，对未来有渴望。

本书还能让人深刻地认识到，天地运行的逻辑对生息其间的生命，有着超过人类想象力、认知力难以抵达的神奇。天人微妙相应，万物万象间有意义的"链接"。唯一的遗憾是，到了最后才发现，自然只是翻了个身，继续或睡或醒，而人类却将被堵截在某一点时空点上，等待轮回。爱德华·威尔逊在《创造的本源》里说："对于那些懂得去体会大自然的人来说，自然母亲就是一口充满无限神奇的魔幻水井。你打上来的水越多，就有越多的水等待你去打。"所以，珍惜时间，尊崇自然吧！

看看立春这一段，有没有感到生命的律动？有没有听到冬眠动物的哈欠声和冰融的嚓嚓声？当你在春天只顾踏春时，脚下原来已有那么多的东西做了那么多的准备，而且是全天候的井然有序的勃勃生机。连电闪雷鸣都是在给大地活筋通络，吹响号角：

"立春时节的物候是，一候东风解冻，二候蛰虫始振，三候鱼陟负冰。说的是东风送暖，大地开始解冻；立春五日后，蛰居的虫类慢慢在洞中苏醒，也可以说冬眠的动物开始活动了；再过五日，河里的冰开始融化，鱼开始到水面上游动，此时水面上还有没完全融化的碎冰片，如同被鱼负着一般浮在水面。"

再看，"当雷声在天边传遍，万物的精神似乎为之一振……花朵、小草也生机勃勃"。雷电风雨里，还隐藏着那么多那么多的因果。从此你还会小看每一朵懒散的云、每一滴随风潜入夜的雨吗？他们可都是天地的大逻辑，我们人类反倒多么的微不足道！

作者不仅让我们看清了时间之后对自然多了赞美，而且也对人类的自大多了一层忧患，"因为人间的罪恶、苦难、冤屈，都下招人怨，上干天和，会因此造成天象反常"。作者还警示我们"冬去春来,在惊蛰时分,那些装睡的人,那些昏睡的人,那些贪睡的人,他们未必听得懂天地间的雷声,未必明了天上雷公的愤怒"。

除了俗语、谚语、歇后语、诗词歌赋、琴棋书画,本书还有深奥的哲学思想。比如从霜降里竟然引出了汉娜·阿伦特的"平庸之恶"思想:平庸之恶足以毁掉整个世界:"恶一向都是激进的,但从来不是极端的,它没有深度,也没有魔力。它可能毁灭整个世界,恰恰由于它就像一棵毒菌,在表面繁生。只有善才总是深刻而极端的。"

读到小满一节时已经赶上了时令,但终是没能停下来,于是继续走到"芒种",直到小雪大雪小寒大寒。像不希望春雨歇、秋叶落一样,怕闻不到泥土的清香,感觉不到自然的纯粹。又一本不想很快读完的书。

二 | 域外篇
International Reading

托尼·莫里森的"爱"

【题记】

2015年8月20日，七夕节，我坐在从波士顿到纽约的灰狗大巴上，去赴约美国第一位黑人女性诺奖得主托尼·莫里森（Toni Morrison, 1931-2019）。车行驶到纽约近郊，望着窗外一片片的游云，我带着些许的期待发了一条状态："七夕，颠簸在路上。闲云，约吗？我是野鹤。"

今年的七夕（8月6号）凌晨一点，我得知莫里森辞世：据《华盛顿邮报》报道，美国著名作家、诺贝尔文学奖获得者托尼·莫里森于美国当地时间8月5日去世，享年88岁。不幸的消息夹杂在与七夕有关的诗歌、散文、故事和段子的甜蜜里，多出了一些突兀的苦意。魔幻性一直是莫里森偏爱的叙事方式，她是在用生命的魔幻性跟大家开了个玩笑，去向另一个平行世界里继续思考，继续爱"她的人民"，继续爱这个世界了吗？一点点回想着这个占据了我大部分学术生活的文学大家，一夜未眠。圣-埃克苏佩里在《要塞》中的一句话，安慰了自己："当一个人升华、存在、圆满死去，还谈什么获得与占有？"托尼·莫里森，在意义中精彩地活过，这就够了。

像我这样普普通通的学者/读者，偏要蹭一个文学巨匠的热度，多少有些不自量力。然而，当你几十年来不间断地阅读、讲授、评论她的作品，看过有关她的所有音像资料，熟悉她很多的生活细节，当面请教过她许多问题，书架上放了一格子她的书时，她其实早已成为你生活中一位看不见的熟人，熟悉得像进、出门都可以碰面说Hi（你好）的邻居；或者更像是花香初云、习以为常成不存在的存在。此刻，时光重叠在我一本本的藏书上，第一次为一位大人物的离世湿了眼眶，也才忽然明白了她在我生活中的意义。

莫里森如何从一位显性作者变成了我生命生活中的一部分，可以追溯到20世纪90年代我的读研时期。探讨小说文本里的空间是我硕士论文的主题，本想在莫里森的处女作《最蓝的眼睛》里，找她特殊的叙事方式为文本实例，却被小说中那个处处受人歧视的黑人小女孩的命运所吸引，从此一眼万年。读她的书。讲她的书。写她的书。2014–2015年在哈佛大学黑人文化文学研究中心访学期间，去她家采访了她，与她有了零距离的接触。过去的半年，我在加州大学伯克利分校的性别研究中心做研究员,因时间紧迫放弃了再去纽约看望莫里森的打算。好在一场有关她的最新纪录影片《托尼·莫里森:我的碎片人生》(*Toni Morrison: The Pieces I Am*),弥补了这一缺憾。

因而,重读莫里森的小说《爱》,有了很多前所未有的感悟。

母爱缺失,情爱扭曲,上帝之爱遥不可及,一直都是诺奖得主莫里森小说关注的主题,而种族歧视及其后果,是这一切灾难的渊薮。莫里森的 *Love*(2008)以"爱"为题,但爱是什么?爱在哪里?该怎样爱?都没有答案。

尽管作者强调写此书的目的是"让人们回忆那种不顾一切、全身心地、没有任何负担地"去爱一个人的感觉,但整部小说,我们只看到了爱的逃难。夫妻之间,朋友之间,母女之间,黑白之间,爱在四处逃散,无处安身!

小说以多重视角,讲述了科西先生一家四代人错综复杂的爱恨情仇。二战前后,比尔·科西是美国东海岸一家时髦的有色人种假日酒店的老板,钱财来源于其父亲对黑人同胞的出卖。科西先生的妻子离世,他爱的儿子也暴病身亡,家里只剩下儿媳梅和孙女克里斯汀;多年逍遥的鳏居生活之后,科西先生娶了克里斯汀的好友、11 岁的希德为妻,想"把她塑造得适合自己的口味",从教她怎么修手、脚指甲,怎么使用剃须刀帮他刮胡子开始。克里斯汀和希德这一对好友从此反目,后半生彼此隔离地住在科西留下的房产里,都声称这份家业属于自己。

"朋友比花上的蜜蜂还多，女人为他打得头破血流"的科西先生，把自己的未来种植在一个小女孩身上，盼它按自己的意愿发芽，开枝散叶，开花结果，结果却长出满屋子的嫉恨和愤怒。荣格说得好：爱和权力分别处在天平的两端。爱多一分时，权力就会少一分，权力多一分时，爱就会少一分。当权力完全占据人内心时，爱已经荡然无存。显然，科西先生用钱和/或权为自己换取的婚姻的天平，钱、权的一面分量太沉重，另一面注定盛不了爱。于是这个 good bad man and bad good man（好的坏人和坏的好人），把自己的爱给了情人，把对儿子的爱给了大海。几间老房子，两个老女人，一世的爱恨情仇，是现状，也是后果。

克里斯汀和希德儿时在海滩相识，尽管门第落差巨大，但"孩子们的友谊大人你别猜"，她们形影不离，无话不说。自从科西先生把希德娶回家，俩人的友情碎了一地。她们开始争吵，也会打架，"手打，脚踢，牙咬，扔东西。每年一两次毫无征兆的打架成了'仪式'"。年老之后才陷入"尖酸的沉默"，因为"她们心里明白，打架才会让她们可以彼此抓紧对方"……也因为"仇恨就像友谊，不仅需要身体上的靠近，还需要创意和努力才能维持"。

克里斯汀一直觉得自己"失去了的某种东西，就像被海浪卷走了贝壳"。没人关爱，她选择自我放纵。坊间传言，她"打过群架，进过局子，烧过汽车，当过妓女"。在短暂婚姻失败、爷爷离世后回到了仿若战场的家；希德一生都受人歧视，"因而练就一种磨得锃亮的洞察力"。生活里危机四伏，家里那个大房子，成了"我的越南"。本该携手共进的儿时好友，各自守着怨与恨，斗智斗勇斗狠毒。后来为了寻找传说中那份写在菜单上的遗嘱，希德从老房子的地板上摔下楼奄奄一息时，俩人才前嫌尽释，敞开心扉，交流起彼此都不太平的过往。爱，回光返照，但对死者而言，意义又在哪里？

山本耀司说："'自己'这个东西是看不见的，撞上一些别的什么，反弹回来，才会了解'自己'"。克里斯汀正是把自己植入走到生命尽头的希德的命运里，才幡然醒悟，才看清了自己，才有了彼此的了解。作者带着怜惜说，"她们只是小女孩。想找一个地方安身，却无路可寻"，但却让王尔德的"生活中只有两种悲剧，一种是没有得到我们所想要的，另外一种是得到了我们所想要的，无论得到还是得不到，都是悲剧"，成了真！

克里斯汀的母亲梅，科西的儿媳妇，性情温顺，"从小就懂得勤劳和责任。对待生意像是蜜蜂对待花粉"。自从嫁到科西家，就开始像奴隶一样劳作，丈夫死了，公公娶回来一个不到12岁的婆婆。为了缓解矛盾，她把女儿送去读书。梅一直都想不通，希德这样一个没有过睡衣和泳衣、吃饭从来没用过刀叉、压根就不知食物要装在不同的盘子里、晚上睡在地板上、周六只能在洗衣盆里用姐姐们剩下的浑水洗澡、身上有永远洗不掉的鱼腥味、家里捡来报纸只是为了上厕所、话都说不完整、字母表也认不全的黄毛丫头，怎么就堂而皇之成了她的婆婆，成了家里的主人？怨怼、愤懑和无力，是她的一日三餐，她只想要回点什么（want something back），就像个幼稚的小孩子扯桌布，又哭又闹又拉又扯，最终除了把桌上的东西撒到地上，一无所获。梅最终疯了，活在错乱的逻辑里，埋怨民权运动和自由毁了他们的度假酒店。显然，她看错了世界，却反过来说世界欺骗了她。

　　卡夫卡曾说："什么是爱？这其实很简单。凡是提高、充实、丰富我们生活的东西就是爱。"莫里森的第八部小说，确实足以"提高、充实、丰富"读者的生活，只是书里所有人物的生命生活却与爱绝缘。所以，同名小说"爱"，只是一种智者怀仁般的呼求罢了。

毛姆的天上地下

（一）月亮还是六便士？

冲着那句"满地都是六便士，他却抬头看见了月亮"，翻开了 William Somerset Maugham（威廉·萨默赛特·毛姆）（1874—1965）这部较短的长篇小说的。没想到一种似曾相识感贯穿于阅读的始终。他铺陈背景时，猜出了情节的走向；他调度人物角色时，读得出他的用意；他试图辩解时，知道他想要达到的目的；他在不该结尾的地方倔强地画句号时，觉得就该这样落笔戛然；他对人物命运、环境、选择等进一步分析时，领悟到一种熟悉中的陌生和陌生中的熟悉感，灌顶却也释然。不是碰到俗套时的嫌弃和无味，没有猜中结局后轻飘飘的虚伪，不知不觉，意识和体悟融入他的叙述，而他的故事飘进自己幻觉中过往的懵懂……这就是传说中的"神通"？

接下来，大概必须把他的作品一网打尽才后快！看看近一百年前毛姆的其他文字里，还隐藏着多少为我所知或不知的天启和神秘。

如果早一点认真读毛姆，也许现在的专业方向不会是黑人文学了。可惜不是英文版，否则大概会碰撞到更多的微妙和惊愕！

先读读他这些似曾相识的感受、感觉和感悟："有时候我也想过要到茫茫大海中的孤岛去，在那里我可以找个隐秘的山谷住下来，周围全是奇树异草，静寂无声。我想在那种地方我就能找到我想要的东西。"

"有时候，人会偶然造访某个地方，却神秘地感到这里就是他的归宿。这里就是他朝思暮想的故乡，尽管周边的环境他从未见过，尽管当地的居民他素未谋面，他却愿意安顿下来，仿佛这些都是他生来便已熟知的。在这里他的心终于不再躁动。"

"乃至你的灵魂似乎再也忍受不了身体的束缚。你觉得你的灵魂就要脱离躯体，飘荡在虚无的空中……"

"他是个永远在路上的朝圣者，昼夜思慕着某个神圣的地方，而他体内的魔鬼是那么的冷酷无情。有些人非常渴求真理，为了得到它，他们不惜彻底毁掉自己的生活……"斗胆狂妄地问一句，这些文字是从我的空间盗过来的吗？

必须要说说的，是那个不太招现代人待见的主人公（查尔斯·斯特里克兰）。不要尝试用现代文明的标准来衡量他所有的行为得失，否则受伤的一定是你自己。

伦敦证券交易所的经纪人，一双可爱的儿女，一位贤淑的妻子，一个看似幸福得无可挑剔的中产的家，47岁的他没有任何征兆地留下一封信，毅然决然地跑到巴黎去追求鲜有人懂的画家梦了！

在巴黎，他靠梦想支撑着飘摇的生命！然而，梦想不能当食当衣遮风雨。他更像在高风摇曳中一个蜘蛛，身处污浊昏暗的墙角，压捂着无形无息的激情和冲动，埋头苦织着梦网，挨着饿、受点冷、失去点尊严又怎样？

后来，南太平洋上的那座孤岛，是包容着他的不拘一格的桃花源，那个原始荒蛮的山洞，成了他灵魂起舞的地方。他竭尽生命的所有气息描刻在洞壁上的那幅画，昭示着他梦想的颜色！"天是蓝的，海是蓝的……"而蓝色所喻指的纯净、广阔、冷静、理智、沉稳、博大，大概是他灵魂的样子吧！

他粗鲁、自私、野蛮，他背离道德、义务、责任，但只要想到他只是活在魔鬼主宰的精神世界里，这些语词都显得幼稚和浅薄。在他那里，疯狂成了激情，死亡也能成就他的美。

其实，他想要的，既不是天上的月亮，更不是地上的便士，而是一个连灵魂都无法抵达的地方。或许，那里的月亮上面，都是便士；那里六便士的双面，都画着月亮。他自己则夹裹在中间，想要"永恒的此刻"，既然一晃而过是"此刻"，那就只剩下虚拟、虚无、虚妄和虚空，还有那个连他自己都不清楚是否实现了的梦。

刚好和凡人相反，他的身体是附着在灵魂上的，所以他被迫不断地出走、逃离，奔赴一个个未知的地方。如果幸运，他能够抵达，否则身体会自生自灭，只有灵魂不羁地游荡，最终幻化在后人眼里他价值连城的油画上，委屈在富豪商贾沾着铜臭味道的家产中。

只是，当很多自作聪明的读者在为他的生命生活惋惜、不屑、甚至嘲笑的时候，其实却正在被他一贯的超脱讥讽得体无完肤！

"子"，永远猜不透"鱼"之乐！这是毛姆写在月亮或六便士上的意旨吗？！

（二）毛姆的《文学回忆录》

作为小说家的毛姆，评论起经典小说作品来，绝对是个高手！"高"在他竟把评论写得像小说般的有趣和精彩。

他的基本套路是这样的：评论某作品之前，先开足火力把作者的某一特征，尤其是缺陷，渲染得火星子乱飞，然后才带着某种优越感回到作品本身，一本正经地评头品足，既居高临下，又顺理成章。该捧就捧，想损就损，文字里透着一种淋漓尽致的痛快！

按理说，我该仿照毛姆，把他的身高、体重、口吃、花心、乱伦等毛病也挖出来晒晒，再开始说他对19世纪十大重量级小说作家的褒贬。可惜自己没有他那样会拿捏分寸，只好作罢，直接上例子。

毛姆是个爱憎分明的家伙！自己喜欢的作家，他评说起来厚道得无以复加；不喜欢的，他拼命揭短——外貌，身形，个性，品德，作品里的废话、臃肿、漏洞等，一个都不放过。

比如毛姆敬佩福楼拜，所以他几乎带着几分谄媚，小心翼翼地评说《包法利夫人》中的不足：

"要描写一段烦人的时间却不叫读者厌烦是相当困难的，但你读这段冗长的内容，却兴味盎然。我好奇地想知道作者是怎么办到的，所以又读了一遍。我发现福楼拜叙述了一连串非常琐碎平庸的事情，每一件都是新鲜的，没有一件重复；因为你一直在读新鲜的东西，所以不会感到厌烦……"听见没？这拍马屁的功夫！（尽管有道理）

有时，他还会喜欢到不自觉地爱屋及乌。有关福楼拜这一章的最后一段，他就略带遗憾地替福楼拜多看了一眼他一生的最爱，"一年后，他的老朋友外出打猎，来到伊莱诺精神病院附近。大门敞开着，让病患每天一次例行散步，病患两个两个一排走出来。其中有一位向他鞠躬，原来是伊莉莎·施勒辛格，那个福楼拜长期爱恋却没有结果的女人！"厚道一点说，这种文学批评内容，被他写得完胜大多数小说里的桥段，让人不得不佩服毛姆驾驭语言的能力！

然而，毛姆可不是对谁谁都这般虔敬。他说托尔斯泰好色，狄更斯做作，夏洛特丑陋，司汤达是个矬子，梅尔维尔古怪，陀思妥耶夫斯基呢，简直就是个恶棍——无可救药的败家子，嗜赌如命，爱慕虚荣，疑神疑鬼，畏畏缩缩，自私，爱吹牛，狭隘又不宽容……这哪里是在推介作者，分明是教唆读者永远不去碰《罪与罚》，甚至去问候陀思妥耶夫斯基的祖宗八辈啊！

当然，毛姆也不是不担心招粉丝骂，所以他给自己的结论找来的借口，冠冕堂皇，漂亮得一塌糊涂：

"大量的事例,论证了最可憎的恶行可以跟最高贵的情操并存";"让人惊叹作为人和作为作家之间具有如此之大的差别";"我尽可能只谈他(狄更斯)的私生活,因为我觉得稍微了解他的私生活一定能使我恳请读者看的这本书多些趣味"……瞧瞧,他诚实地狡猾着,狡猾地诚实着,显得可爱却不可憎。

毛姆曾说:"小说不是为求教诲或启发而阅读,是为了获得思想上的享受而阅读的,你若发现无法从中得到乐趣,最好干脆不读它。"这段话,其实不只适合读者对小说的期待,同样适合眼前这本《文学之约》。

海明威的白象山

美国"迷惘一代"的代表海明威的经典短篇《白象山》,发表于一战后的 1927 年,以纯客观的叙事视角(除了文中的几小段叙述),记录了一位美国男人和一个女孩的当下生活。

海氏一贯凝练的叙事风格,简笔画似的展示(非讲述),吝啬得不做任何评论,冷峻得不屑用副词形容词,仿佛扑克牌似的一张脸,领读者到纸质的屏幕前,边看边听那个带有历史霉味儿的 20 世纪 20 年代。一战后的西方国家,迷惘的岂止是悲观、失望、彷徨、忧虑、迷茫等精神状态的宏大,还有小到生活琐碎里的沉渣。而短篇小说所捧持的紧凑、紧张,因了作者对象征的巧用而达到至明至简。

西班牙小车站稀稀落落的游客中,一位无名的美国男人和女孩 Jig(吉格),坐在车站旁小咖啡馆外面的阴凉处等车,从巴塞罗那开往马德里的火车 40 分钟后才能到达。透过树叶,河谷那边阳光下的山"看起来像是白色的大象",而山的这边是没有生气的干燥和灰棕,一件不尴不尬、做还是不做的话题,在俩人之间展开,即美国男人眼里那个"不算手术的手术"要不要做,"确实是个非常小的手术","其实也算不上什么手术"。而似乎唯有这一选项的终结,才能保证两个人"从此过上幸福的生活"。一边是美国男人的处心积虑,只为女孩"着想","如果你不想做,也可以不做。如果你不愿意,我不会强迫你。但我知道手术确实很简单我知道"。一边是女孩的满腹狐疑,猜度着不明确的未来,反复确认"如果我做了,你会很高兴、我们还会像从前一样、你还会爱我吗?"而读者只需稍加注意即会发现,俩人错位的对话节拍里,击打出的是男人的虚伪、老练,女孩的幼稚、忧虑,还有俩人既不平衡更不严谨的糜烂的过去。争论不断却谁也不想点透关键,读者在俩人表面上点饮料、谈天气的简单交流中,听得出兵不刃血般的冲突和分歧。

  点了打在珠帘上广告里的两杯冷饮,女孩喝出了甘草的味道;男人用冷饮般的温度回应,"世事皆如此",甜里始终带着苦。女孩应和,"一切都带着甘草味儿,尤其是你期盼已久的东西,一切就像苦艾酒"。越是期期艾艾,越有失望、失落。在这一点上,男人和女孩之间倒是出奇的意见一致。

  放在墙角的行李箱上贴满宾馆名字的标签,更像他们讨论着的敏感话题,粘贴着时间的疤痕,涂抹着历史的脚印,晦涩神秘而又清晰可辨,而摇摆在悖反之间的,是他们心思各异、期待相左的未来。此刻大隐于文本之外的作者海明威,却和读者并肩,坐看事态发展，冷观世态炎凉。

　　车站(junction)，生活的十字口，生命的交叉点，是重逢，还是离别？是开始，还是终结？纯客观的视角展现，或许连作者都难以驳辩，懒得探究。而暂时困顿于此的美国男人和女孩，孤零成白象山前下棕色的落叶，在热风里飘零着，迷惘着，来路不明，去路漫漫……

　　唯有那个女孩重复了好几次而男人不愿听的"我说那些看起来像是白色的大象"的寓意，至今还跳动在万千读者的"仁""智"之间，不易分辨。大众读者所认可的"像大象一样的山"寓意为"女孩越来越难以遮掩的肚子"，也许只是冰山一角，而我们更愿意相信，那只不过是主人公心中淤积的迷惘，别无答案。

卡佛的简约本色

（一）《当我们谈论爱情时我们在谈论什么》

受《岛上书店》作者的蛊惑，搜来雷蒙德·卡佛《当我们谈论爱情时我们在谈论什么》阅读。故事七零八落，都是人间烟火，饮食男女在流年里磕磕绊绊，无常聚散。如果你没看懂，如果你搞不清人物关系，如果你还在期待结局，那就对了！世上有多少东西能看清，有多少事情有结局，有多少生死恩怨可以说得清？有多少人物关系可以搞得懂？这正是作者耍的小花招。

《为什么不跳个舞？》——落寞的中年男人，不知何故卖掉了他的家具，他能卖掉自己谜一样的过去吗？

《取景框》里，人的生命和生活萎缩成扁平，缺少鲜活、饱满，但却正是凡夫俗子的写照。

《凉亭》里，汽车旅馆二楼的窗户边，妻子一跃而出，连空气里都飘着被生活欺骗后的绝望。

《我可以看见最细小的东西》，在你期待有什么事情发生时却戛然而止。故事的内核定格在"过去和刚才"，而不是"接下来"。妻子对丈夫的态度，就如同邻居对待鼻涕虫一样，只有在惨白的月亮下才看得清厌恶。

《纸袋》里装着的，不仅有父亲已经坦白的过往，更有"我"还没机会吐露的事实。父子的相似处，窝藏着人性的秘密。

《洗澡》里谜一样猜不透的结局，让病床上的斯科特永远躺在了读者的心里？

《告诉女人们我们出去一趟》里两个丈夫，生活该有多无聊多无趣多单调他们才会走出家门，用石头结束了两个陌生姑娘的生命，在死亡中寻找意义？

不得不说，死亡和爱情这两个永恒主题，被作者在这本短篇小说集里玩坏了！自杀，他杀，谋杀，误杀，还有《大众力学》中被父母撕扯着的婴儿……杀气腾腾中却始终没有悲壮，没有是是非非，没有恩恩怨怨，荒唐语言里藏着的全是凡人的辛酸泪。

爱情怎么样？没有风花雪月，看不到阳春白雪，除了背叛，还是背叛。所以，"当我们谈论爱情时"，就剩下记忆。"所有这些我们谈论的爱情，只不过是一种记忆罢了。"不幸的是，所有的"当下"必将成为未来的"记忆"，那么真正的爱情在哪里？而《所有的东西都粘在他身上》，就像挥之不去的过去，里面混杂着那时那刻索然寡味的爱和愁，温暖和寒冷……

最后，《还有一件事》，"但他想不起来是什么事了"。这是记忆的衰退、兴致的索然，还是情感的落寞？而人世间有多少事情、有多少时候，面对多少人，当我们选择欲言又止时，却不知另一个后果可能会是个 U Turn（180°大转弯）？！

典型的后现代短篇，连欧·亨利、爱伦·坡最依赖的悬念、冲突和惊讶也省略了，而且比契诃夫、海明威更极端——故事碎片化，叙事断裂化，主题模糊化，结尾开放成零结局……所以面对每一个故事，读者需要挖掘和思考每个段落和句子的能指和所指，拼贴起作者有时候没有意义的意义。作者呢？却不怀好意地"站在旁边修剪着指甲"（罗兰·巴特语）。

必须承认，本小说集中作者把"形式反映内容"用得炉火纯青，巨大的留白有时候空旷得有了回声，所以被读者遗弃的风险在所难免。因为，谜一样的生命生活情态，人可以无奈地过，却不可以无畏地解。除非，除非你想做个纳博科夫眼里"优秀的读者"。

（二）《请你安静些，好吗？》

请你安静些，好吗？听听卡佛的世界怎样？

人生世相里，没有秩序，没有活力，没有阳光，没有真爱，心中没有"天光云影"，梦里没有"源头活水"，这是卡佛首部小说集里俗常人的生活。

卡佛的世界，还有各种各样的scarcity（稀缺），过去残缺不全，未来渺茫不清，当下逼人逃避，模糊的时间概念，昏暗局促的空间……他只管肆意描摹，而把一堆堆世相残片和生活残局留给读者收拾。

卡佛的世界里，更有各种矛盾悖反。人很"肥"，生活很瘦；抱怨"没人说话"，请求"安静些好吗？"；抬手指向东，希望你看到西；连自爱都不会，却试图爱别人；婚姻似枷锁，爱在家外头……纷纭扰攘的世界上，谁谁都没能活成自己想要的模样。

开篇《肥》，第一人称，自由间接引语，一下子把读者拉到叙述者面前，听她嘟嘟啦啦说了半天"那个胖子"，最后才明白，她在说自己瘦成平面的生活。

《邻居》中，米勒夫妇帮忙照看邻居家。俩人却借此各自在别人家里独享情欲，赤裸裸地做着本真的自己。婚姻之于人类，是束缚还是自由？要克制还是放纵、真诚还是虚伪？怎样不和谐的夫妻生活，才能把邻居家当避风港！

《主意》里，一对年近半百的夫妇，每晚透过自家的窗户，鄙夷地瞧着一个偷窥别人的神秘兮兮的影子，却把自己的荒唐裸给读者看，让阅读都带着偷窥的味道。而作者也许在暗自窃喜。

《你是医生吗？》，晚10点，一个陌生电话把两个陌生人鬼使神差地串联起来，一个寂寞，另一个也寂寞。只是常规生活被七零八落之前，他们对自己的寂寞一无所知，这不比寂寞更可怕？

《父亲》，一家人围着刚出生的小男婴——奶奶，妈妈，三个小姐姐，争相判断长得跟谁像？只有父亲背对着坐在厨房门口，等他转过身来，脸色煞白，一言不发。这就是卡佛，从来不给人性下定义，从来不解释凌乱的生活。

《没人说一句话》，"我能听见他们在厨房里说话。我听不清楚他们说的是什么，但他们在争吵"，青春期一少年，用大麻和自慰，边安慰自己，边唤醒自己，但唤不醒家里死沉沉的空气。

《六十英亩》，看似在谈论属于印第安人韦特的六十亩地，实则指向六十亩地远处一家人捉襟见肘的生活。冬天，白茫茫的世界，冰冷的家，三个孩子，疲惫不堪的妻子，阴沉沉的天，狗冰冷的鼻子，还有那个已经看不懂世界的七十多岁的妈……阳光离他们还有多远？主人公感叹，"不明白所有这些日子是怎么过去的？"一个人心里藏着多少苦辣和无奈无力感，才追问这样的问题？

《阿拉斯加有什么》，也许什么都有，什么都没有。妻子说想要去那里，但俩人都说不清缘由。想要挣脱靠大麻刺激的现实，却不知道该追求什么；想要去个地方，却不知道那里有什么。如果你不赋予生活以活力或没能力赋予其意义，生活迟早会干瘪成符号；没有自律、自觉，哪儿会有自在的生活！

《收藏家》，上门兜售的吸尘器，勉强算得上个"收藏家"——收藏各种生活垃圾，还有等待一封重要信件的"我"的焦虑情绪。而最后那封被兜售者收起来的信会否就是"我"苦苦等待的？不得而知，如果人性里还有一丝丝曙光，应该不是。

《你在旧金山干了些什么》，邮递员"我"感慨，"不工作的人有太多的时间，太多的时间来沉溺于自己和自己的烦恼之中"。长得像杀人犯的男主人马斯顿的过去和未来只能留给读者猜，而他的当下怎样，也许连他自己都不知道。

《学生的妻子》，有些矫情，除了好吃的好穿的好玩的，更"希望我俩能过一种诚实的生活，不用去担心钱和账"，不用经常搬家。一家人租住在一间逼仄幽暗的小房子里，被子盖不住两个人，床的一边紧挨着墙，连"沉睡中他都显得绝望"。生活的希望在哪里？

《把你的脚放在我的鞋子里试试》，也不见得能体察到彼此的彼此。生活正如小说，小说也如生活。但谁又能抹平这样的鸿沟，况且还是人为的或有意的鸿沟呢！

《杰瑞，莫莉和山姆》，主人公面对一地鸡毛的生活，努力寻找秩序，旧日子一去不返，未来看不到边，他试图扔掉家里的一只狗，以摆脱他现实中的不堪，结果更凌乱。

《亲爱的，这是为什么》，单身母亲养大的儿子，嗜血的性格，谎话连篇，却成了一位政客，本该自豪的母亲却隐姓埋名，恐惧万分。政客以不讲实话为本性，这是卡佛少有的反讽。

《鸭子》，整篇都在风声雨声里完成。黑鸭子在大雨中跳上岸，成双成对地挤进沼泽里。而一对看似有情的夫妻，激情被生活或时间的雨水冲淡，像鸭子逃离池水一样，想要逃离当下的环境和生活，寻找没有意义的意义！

《这个怎么样》，一对30出头的夫妻，一个画家，一个作家，正处于生活的十字路口，城市乡村，何去何从？要繁华热闹还是单调寂寥？不知道。但"哈里，我们必须彼此相爱。"她说，"我们只有彼此相爱才行啊。"

《自行车，肌肉和香烟》几个捣蛋的男孩子弄丢了另一个男孩子的自行车，家长被请来解决问题，却大打出手。普普通通平平常常的小矛盾，不是故事的故事，构成生活本身。

《怎么了》，一对刚刚破产了的夫妻应对破产的行为，写着他们破产的原因。丈夫懒散放纵，妻子杨花水性，喜欢灯红酒绿。貌合神离似乎是贫贱夫妻的铭牌。——你用什么样的态度对待生活，生活便以什么样的态度回应你。这个世界，貌似公平公证。

《信号》，一对即将分手的男女，来到一家高于自己开支水平的饭店，尴尬地坐在不属于自己的地方，点了最廉价的饮品和实物，讨论着他们不确定的未来。那么信号是什么？和还是分？大概只有时间知道，卡佛似乎也懒得猜。

《请你安静些，好吗？》告诉读者，在当下过得去的生活里，怎样自如地应对过去？比如妻子曾经的酒后乱性。"他不知道该干什么。不只是现在，不只是关于这个，不只是为了这个，今天和明天，而是今后的每一天"，这似乎是卡佛小说里大多数人的困境和窘境。生活的意义、爱情的意义、生命的意义是什么？说清了，大概就不叫生活，所以在日复一日的单调和繁杂里，你读着我的故事，我想象着你的生活，我们都在咀嚼时间，直到被历史淹没……

太寡淡了，遭嫌弃；太浓烈了，受不起。刚刚好的生活，也许在未来，在期待中，在梦想里，但生活在远方，人却活在当下。不管你怎样的安静，沉默，呐喊，挣扎，奋斗，寻找，迷茫，绝望……生活却掩着双眼双耳，兀自向前……

卡佛总是在俗常的日子里，固执而坚定地寻找意义，寻找意义，直把寻找变成意义，或把无意义幻化成意义，可喜还是可悲？！

好在朱光潜先生说过："这个世界之所以美满，就在于有缺陷，就在于有希望的机会，有想象的田地。"所以，卡佛的世界，尽管玩不起，但不绝望。

（三）《大教堂》

灰色，昏暗，麻木，冷淡，无常，无奈，甚至无所谓的生活，还有一个个封闭得透不过气的空间里的时间碎片，是这本短篇小说集的主色调。

作者表情冷峻地凝视着他周围一切没有活力的活物，皱眉，摇头，悲叹，不想放弃而又无能为力；想同情而又无资格同情，只好通过描画这一群被生活淹没的他（它）们，传递自己的认知和善意。最想表达的，说得最少，说得最多的都无关紧要。没有未来，无所谓现在，一切的不堪和美好仿佛都在过去。这是卡佛的风格。

《塞夫的房子》里，一对已经分开的夫妻好像什么事都不该发生、什么事都未曾发生似的咀嚼着现在。天性使然，却不得不饮食着过去的残羹冷炙，谁让生活最害怕的是"假设"呢？

《保鲜》里的珊迪和失业后像长在沙发上的丈夫，会"举起各自的杯子，喝着各自的咖啡"，但心理距离和情感温度却好似两个星球的差距。从坏了的冰箱里散发出来的臭味，也是他们婚姻的味道！油盐酱醋茶，一个也不能少，否则，烟火能焚烧完一切情爱，只剩不会复燃的死灰!

  《软座包厢》里,为人父的迈尔斯坐在摇摇晃晃的列车上,去见八年未谋面的儿子。他看见所有的东西都被墙围起来。他突然想,就这样生活在一所老房子里,被围墙包裹起来,也许是种不错的生活方式……于是,轨道交错的曲径迷宫,是他的烦乱的思绪;他丢失了的手表,是他找不回来的亲情,而被火车托走的行李箱里,装着他所有不愿打开的过往。火车再次启动,生活还得前行,方向对不对?谁知道、谁介意?

  《维他命》里,生活就像"乱七八糟的东西正管不住自己似的翻滚下来"。有时候,你管不了;有时候,你不想管。

  《火车》上,深夜三个人的遭遇,写着"这辈子谁都有倒霉犯错的时候"。他们心里明白,这世界上什么事儿都有。但到底是什么事,却似一个巨大的黑洞,留给读者去猜测、去等待、去体验、去面对……好在海明威说过:"只要你自己清楚你都省略掉了什么,那么省略什么都没关系。"

  《发烧》里,妻子建议他"写写发烧是什么样子,那样以后就能回过头来看看,搞清楚里面的含义"。然而,过去的已经过去,就像他们曾经在一起的生活,和现在有何相干?!

  《马笼头》里,瑞典人霍理斯在旅馆游泳池边摔坏了脑子,离开时已经不知道要带走他钟爱的马笼头。是啊!旅馆游泳池的水,怎么能冲洗掉旅客们各自不太平的过去?"当你感觉到它(马笼头)拉动你的时候,你会知道,时候到了,你会知道,你要去某个地方了"，人类是需要生活强制给的方向感，还是更需要无牵无挂的自由？

《大教堂》里，教堂、信仰只不过是盲人想象到的，又或是靠想象画在纸上的东西。既然就连梦想都被解释为"梦啊，你知道，不过是你从中惊醒的东西"。精神的家又在哪里？

用词比海明威还节俭的卡佛，冷冷淡淡地讲着一个个昏暗的故事，把生活剥落到了骨髓里！封闭的空间是他的最爱，客厅，卧室，包厢，房间，家长里短里，既掩饰着他对生活的戒备，也潜藏着一点儿不易察觉的对生活的敬畏。

如果你喜欢卡佛《当我们谈论爱情是我们在谈论着什么》，这个短篇小说集，不可绕过去。

德波顿的博与雅

(一)旅游的艺术

先声明:英伦才子、天才作家阿兰·德波顿的《旅行的艺术》,打满分!

本书是一本最不像旅游随笔的旅游随笔,既像本艺术批评,又像本个人小传。作者沿着自己的足迹,发散性地书写了自己对旅游的种种体验和思考。且写到某处某景,一定会事无巨细地调动起一些重要的人文信息,作家,作品,历史,地理,政治,文化……这是没有广博的知识储备的人所难以企及的。

可能是受众多文人尤其是旅行家的影响,德波顿忽略去自己的主要行迹,把视点聚焦于加油站、机场、饭店、电视荧屏、山水、花草、云月等细枝末节上,读来像波德莱尔一样,文字里充满了想象的空间,且总能和现实世界无缝对接,让人有时竟搞不清自己是在书里，在现世，还是活在想象里。

与作者自身独特的见解并置的，还有福楼拜与埃及的一世情缘，洪堡的南美之旅，尼采的意大利的观瞻，德·梅伊斯特的室内旅行，尤其是第五章里对华兹华斯自然观等的详尽阐释。借此，旅游在这里既不是为了娱乐，也不是为了休闲，而是为了看到美、认识美、体验美、描述美、分享美的美差！

尤其值得一提的，是作者对华兹华斯"凝固的时间点"的重点推送。毕竟，谁的生命里没有让人"牵肠挂肚"的"凝固的时间点"呢？！——我们在大自然中所见到的景象，可能永远留在我们一生的记忆中，每当它们进入我们的意识中，便能与我们眼前困境形成对比，给予我们慰藉，也即"凝固的时间点"。

读完此书，至少短时期内，不会忘记一个被作者实践过检验过的真理：身边的每件东西都可能是有趣的，眼前的事物都有它潜在的价值。于是，书还是这本书，你还是你，但这个世界，变得更为活跃，更为立体！

再摘几句精妙的句子：

一路上迎面来的，亮着车灯的车辆，像是在逃离其身后夜的黑暗。

很少地方比在行进中的飞机、轮船和火车上更容易让人倾听到内心的声音。我们眼前的景观同我们脑子里可能产生的想法之间存在着某种奇妙的关联。

让我们记住，这个世界除了大人物的事业，还有在原野鸣叫的草地鹨。

回忆和期待一样,是一种简化和剪辑现实的工具。

....

说明一下,最后的原版英文文本,也为本书增色不少!

(二)幸福的哲学

《幸福的哲学》,尽管部分内容和作者的其他选集有重复,但推荐第31章"尼采对现代教育的批判",会明白周国平为什么如此推崇尼采。尼采生活的"现代"离我们生活的现代相差近一个世纪,但读来丝毫没有距离和违和感,这大概就是哲学家的智慧和哲学的魅力。读读尼采对"现代"文化的鄙视,感觉"老愤青"的名号一点儿也不冤枉他:

对学者的认知:学者实际上是科学工厂里的奴隶,是有学识的工人阶层。你一辈子干这同一件活,做这一小块学术,你当然做得很好,能练就令人难以置信的精湛技艺,在这个领域你算得上是鹤立鸡群,但是,在所有别的领域,你却属于鸡群。

在研究的方法上,学者的方法是死死纠缠。像那些编织袜子的女工,在勤劳而熟练地编织精神的袜子,又像一个好的钟表,你只要及时给它上了发条,以前的钟表都是要上发条的,上了发条以后,他们就能准确地报时间。

对学术的看法:占地盘,弄项目,获取大量的经费和出国的机会。学者不但向政府献媚,而且和媒体调情。

学术与新闻结盟，学者的博学与媒体的低级趣味结盟，学术越来越堕落为新闻，学者越来越堕落为记者了。

尼采还认为：现代教育有两个明显的倾向。一个就是扩大教育，扩招，大量地招生。另一个倾向是缩小教育，教育的内涵缩小了，质量降低了，放弃了教育的崇高使命，把教育纳入了为谋生和为国家服务的轨道。

还有，教育被纳入了为国家服务的轨道，国家把教育置于自己的控制之下，为自己培养出合用的公务员，通过负担过于沉重的考试保证学生的绝对顺从，为此频繁地剥削他们的年华。

…… ……

看来尼采提倡的"积极的虚无"似乎也难以解决这些痼疾。

（三）《哲学的慰藉》

敢于将冰冷的"哲学"和有温度的"慰藉"放在一起说的，大概只有天才阿兰德波顿了吧！他将自己隐身在《哲学的慰藉》的文本中，带着某种自身加冕的权威，将哲学通俗化、世俗化、功利化后，指挥着几个特立独行的大咖们，对着当代读者的生活，各种耐心细致地望闻问切。

苏格拉底教给我们如何自处。他宁愿失欢于众，获罪于邦，也决不收回自己的思想。而其自信不仅出于一时冲动或者匹夫之勇，而是来自更深层次的、根植于哲学的源泉。

强调感官快乐的伊壁鸠鲁，教给我们的是怎样真正实现快乐人生。在他看来，没钱的人很幸运，因为构成快乐的要素虽然难以捉摸，却并不昂贵。

蒙田给我们带来的慰藉，是他对你我都可能有的缺陷的认知。不得不说，德波顿一定背诵过蒙田的《随笔集》吧？要不他怎么做到如数家珍般地推送他的思想，尤其是读来让人难为情的身体缺陷？！

还有塞内加，他教给我们怎样应对挫折；彻底的悲观主义者叔本华，则给我们反复解释如何才能避免伤心。

不能没有尼采！尼采在爬山之余，趁自己清醒时教我们如何应对困难……我猜想，德波顿一定是尼采的铁杆粉丝，要不连尼采于1871年春同妹妹一起到卢加诺的花园饭店度假时喝了19杯牛奶，他都没忘记！

那么，本书的作者阿兰·德波顿全程在干吗呢？原来，他凭着自己的喜好，集结起哲学的各种温度，再条分缕析地分成堆儿，温暖着读者的不适，调理着读者的胃口，并竭力加以全方位的慰藉。而且，他做到了！！！

唯一遗憾的是，当尼采还在不断论述自己对痛苦的褒扬时，全书戛然而止，意犹未尽，意犹未尽……

奥斯特的暖阳冬日

《冬日笔记》是集小说家、诗人、剧作家、翻译家、导演于一身的保罗·奥斯特的回忆录。作者打破常规的时间叙事模式，选取了第二人称叙事者"你"，交错述说了自己64年生命历程里的酸甜苦辣咸。而这个"你"，不仅帮他更客观地直面过去，还把读者连带自身的生命记忆，一并带进他的文本里。这是智者的能力。

狡黠如奥斯特，以赞美自己的伤疤开篇，带着些许的感恩甚至自虐的语气，说"伤疤说出了你是谁"。说"每个伤疤都是伤口愈合的痕迹，每个伤口都是与世界意外撞击造成的"。接着他漫不经心地告诉读者，人生的一切都是偶然，只有死是必然的。这个听起来不是道理的道理，却倒逼我们反思活着的意义。

随后是奥斯特海阔天空般的回想：去过的地方，结识过的人，租住过的公寓，得过的病，吃过的药，身上的伤，嫖过的娼，有声响、有颜色、有味道，全是赤裸裸的生命万象……整部回忆录如同一个巨大的网兜，把家人、亲戚、朋友、邻居、房东、过客，还有与其粘连在一起的天、地、人，事、情、理等都笼络在一起，抖动着一点点给你看，而他自己却冷冷地站在一边，睁大眼睛瞧着你的反应，以便随时调整语气、节奏和内容。

必须承认，这是一本不乏智慧和人生经验的生活录，尽管有的智慧显得轻薄，有的人生经验只是一段经历而已。

他十来岁开始打架，十六岁在妓院完成了成长。他一面大胆诋毁着自己的光辉形象，一面晾晒着父母亲的负面情状。父亲死在了情人的怀里，母亲给他留下了三种形象——外表的迷人，渴望逃离家庭，坚强而负责任……

从1947年2月3日他出生，到2011年1月一个寒冷的早晨他落笔，奥斯特或被迫或自愿地短期或长期居住过21个地方。每一条街道名，待过的时常，迈过的门槛，甚至睡过的床，都被他列在这张生命清单里。半世的漂泊，让他有机会踩着自己的影子观世界，省内心，揣摩生与死的大命题！

他的智慧之一，是来自朋友父亲的临终遗言："要记住啊，查理，"他说，"永远不要放过任何一次小便的机会。"多实在！他还以此为契机，记录了母亲准许他最后一次在车上尿裤子的糗事。那是1952年，他5岁。

2002年，他55岁。因自己的疏忽导致一场可怕的车祸。他总结了开车技术糟糕的父亲的话：开车时要有防御意识；要假定路上的其他所有人都又笨又疯狂。好实用！

两年后，从一位法国演员那里，他得到一个有些舍不得分享的秘密，并用以安慰、治愈自己："57岁时，我感觉老了。而现在，74岁时，我反而觉得比那时年轻了不少。"男人在57岁时比74岁时更害怕死亡！——这是他的总结。

与妻子相遇30周年纪念日，他这样说："所有这些年来，你们一直生活在这始于你们相遇之日的漫长而不间断的对话中。外面，是又一个寒冬夜晚，又一阵冻雨抽打着窗户，但现在你与妻子躺在床上，宾馆的床是温暖的，床单柔滑舒适，枕头绝对巨大。"这是作家的力量和专利！笔触云淡风轻，柔情被深埋在文本里，让其慢慢发酵、释放。

奥斯特的回忆录里，生与死始终面面相觑。

也许祖父母、父母的死都太突然，也因为他多次和死神擦肩而过。而约瑟夫·儒贝尔1841年说过的"生命之终是苦涩的"，让他揣摩出了恐惧和意义。

十岁生日后一个月，他患了心脏病差点丢了命。从中他懂得了"死亡不再是你会害怕的东西，人之将死时，他的存在会变成另一区的意识，而他有能力接受"。

五年之后，"当你的恐慌症第一次发作时，那种突然的、野兽般的发作撕裂你的身体，你不想死去"。

24岁时，一根鱼刺卡在了他喉咙深处，"这根骨头本可能轻易要了你的命"，而"活着就是幸运本身"。

54岁那年，他的母亲突然去世。"你哭不出来。你无法像人们通常那样伤心，于是你的身体崩溃了，替你伤心。"这种痛失亲人之后"吞下痛苦"的身体反应，贴切得让人唏嘘。

63岁了，他对自己说："不再有撞车事故，也不再有父母可以哀悼。"希望和绝望并置，无能的背后藏着无奈。

"你爬下床走到窗口，赤脚踩在冰冷的地板上。你64岁。室外，空气是灰色的，几近白色，看不见太阳。你问自己：'还剩下多少个早晨？一扇门已关上。另一扇门已打开。你已经进入生命的冬天。'"这一刻，时间定格在2011年，他抓住了当下，64岁了……

关上门，我们看到了他丰富的思想和生活。打开门，我们愿意和他一起等待未知，但愿一切随他心愿，我们盼着他生命里的春天。

时光刚刚照进2020年，距离奥斯特结束本书的书写已经过去了9个年头，他也刚好步入那个他愿意相信的"年轻了不少"的、"不怕死的"74岁。愿奥斯特的生命冬天里依然有阳光，有温暖，有大爱，有灵感。

博尔赫斯的声音

《博尔赫斯谈话录》告诉我们,什么才叫个性。

哲理诗人,小说家,散文家,翻译家;动荡的生活经历,复杂的家庭血统;用西班牙语、英语写作,用法语、意大利语和德语阅读;谦卑、谦虚是他的名片;认为天堂大概长得像图书馆;说创作是因为头脑里的思想太多,找个出路疏导;选择出版是因为不愿再改底稿……

他有百科全书式的记忆力,80岁了还能大段大段地背诵但丁、惠特曼、莎士比亚、艾米丽迪金森、叶芝、罗伯特·弗罗斯特的诗句;中年起眼睛失明,靠口授完成诗歌小说写作,老母亲90岁了,还在为他整理手稿。

他喜欢的哲学家都属于唯心主义者,所以叔本华在他那里排第一,这一事实很了不起,因为在这本对话录中,他提到的哲学家有30多位!他唯心地拒绝承认自己就是作家博尔赫斯,认为那个靠写作名利双收的家伙与自己无关。

他小说的情节，大多来自于他每隔一夜都会做的迷宫噩梦；他说自己的写作主题和技巧，都是圈套……

博尔赫斯，似乎是一位生活在自己世界里的路人，但只要一张口，就能够为他那个时代代言。请看下面这些话：

——文学只是少数几个隐喻。

——现在只是从前飞逝的一个粒子。

——博尔赫斯代表着我所嫌恶的一切。

——比阅读更好的事，是重读……我要劝大家少读些新书但要更多地重读。

——何谓自我？自我即过去、现在，还有对于即将来临的时间、对于未来的预期。

——记忆把一切变得美丽。

——我并不虚构小说，我创造事实。

——所有的作家都是在一遍一遍地写着同一本书。

——我所写出的东西并非我所想要写的东西。

——作家就是一个不断做梦的人。

眼前的这本对话录里，住着的是一个才华横溢、个性十足的老家伙，不读他的作品，太遗憾。

黑人吉恩·图默的甘蔗地

发表于哈莱姆文艺复兴势头正旺的 1923 年，黑人作家吉恩·图默的小说《甘蔗》集故事、诗歌、戏剧三种文类于一体，恰似作者的身份和血统，杂糅、混搭、撞合出文本的内在意义，即生命的冷漠、孤寂。

小说《甘蔗》，既回荡着非洲遥远的绝响，又抒写着 20 世纪 20 年代现代美国的迷惘。桑竹田野，都市风光，松林阵阵，衰草夕阳，金色的地平线，血色的月光，青灰色的暮霭，水墨画似的峰峦……作者让南方、北部互望，让自然、社会砥砺，让历史、现实并驾，让生命、灵魂齐驱，从而把失望、空虚，沉郁、苍凉的情绪统统卷入诗境，让美做了背景。

第一部分，作者聚焦南方田园，描摹黑人的生活情态，宣示自己对生命本体的热爱和对精神自由的追求。开篇 Karinth（科林斯），同名主人公皮肤像日落后黄昏的颜色，"男人们一直需要她，愿意为她花钱，但却不知道她早熟的灵魂从未停止长大"，男人们只觊觎她的美貌，没人在意她的精神和内心。

故事"Becky"（贝基）里，折叠着种族主义的荒唐。白人Becky有两个黑孩子，没人知道他们的父亲是谁或分别是谁。她同时被白人、黑人疏离，"只有一些善良的人会时不时地帮她走出困境，捐赠给她土地、木材，还有不会有人要的食品"。男孩长大后恃强欺弱，无恶不作。Becky被压死在倒塌了的屋下，两个儿子不见了踪影。于是"松树向耶稣低语，圣经的书页在她的屋冢上发出无目的沙沙作响"。恶之花，谁之过？

Carma（卡默）的故事，更是一曲生命的苍凉之歌。丈夫听说她背叛，两人起了争执。Carma跑进甘蔗林，一声枪响，丈夫急忙带人去找，却见她安然无恙。恼羞、悲愤的丈夫，举刀砍死了近旁的邻居，锒铛入狱。无常、险峻的世间，可有生命的道法？

故事"Furn"（费恩）中的无名叙事者"我"，对有犹太血统的黑人女孩Furn（费恩）一见钟情，总觉得"我必须为她做点什么"。带她去甘蔗丛边品尝浪漫，她却醉倒在大自然的怀抱里。灰色的夜幕，褐色的甘蔗，红色的树叶，紫色的雾霭，激化出她纯美的幻觉，也弥散出她对人生的绝望。日月顺次更迭，人生却无聊、无常。

Esther（以斯帖），9岁时在大街上眼见一黑人青年Barlo（巴罗）陷入宗教迷离。16岁她开始筑梦。22岁恋爱的年纪，她依然没能忘记Barlo，为"他"消得人憔悴：她稀稀落落的头发，脱得就像挂在玉米棒孱弱微笑的玉米樱；她苍白的皮肤，就像灰色的尘土与枯死的棉花叶子共舞；她的身材瘦弱不堪（25）27岁。听说他衣锦回城，Esther 突然有了活力，向他狂奔去，激动地昏倒在他面前。而她苏醒后看见的，却是他的木然和他朋友们的耻笑。于是，她落寞地走了出来，"没有了空气，没了街道，城镇完全地消失了。理想化为泡影，尊严受到创伤。百态人生，她成了命运之神的弃婴。"

黑人青年 Tom（汤姆）和白人青年 Bob（鲍勃）同时爱上了黑人女孩 Louisa（路易莎），俩人之间历史的、民族的、阶级的、爱情的冲突，在一个血色的月光下走向极端。Bob 被 Tom 杀死，Tom 又被一群白人活活烧死。谁黑谁白看得清，孰是孰非、谁对谁错，只能仰望星空，寄望那晚血色的月光。"不管怎么，大门口的那一轮圆月就是她唱出的征兆：红色的黑鬼月亮。罪人。燃烧着的血色的月亮。罪人！"

第一部分故事中所穿插的 9 首小诗，同样弥漫出无助和无奈、失落与绝望。被收割机劈成两半的田鼠，十一月里白得像雪一样的棉花，老妇人倔强的生命，黑人高声唱起的灵歌，太阳、地球、黄昏，还有跌落的松针。图默在南方的田野里，放逐的不仅是他的人物，还有他的思想，还有文学的意境。南部的山野林谷，泥土田地，河流村庄，哪里才是美国黑人的故乡？哪里才有非洲文明得以存活延续的真正土壤？若只关乎思乡，那只是淡然，而不知乡关何处，则惆怅出作者内心的悲怆。

小说第二部分由 7 个故事、5 首小诗组成，作者移笔北方城市芝加哥、华盛顿。现代科技，拥挤的街道，热闹的剧院，弥散出的仍然是无望，那是热闹的城市孤寂的内心。

罗伯特的头上长着一个巨大的肉瘤，成了他生活重压的永久标识。他负重而行，却没有终点。对于他，生命如水，正一点一点被抽离。于是"当他沉没时，让我们放开歌喉，把灵歌唱诵"。

外表美丽、个性拖沓、慵懒的 Avey（埃维），一个麻木到灵魂的女孩，花前月下的浪漫时分，她也能酣然入梦，一个懒得去发现爱、表达爱、感受爱的姑娘，不该是现代城市的风景。

"Theater"（剧院）里，舞者 Doris（多丽斯）在舞，观众 John（约翰）在看，隔空的幻想和交流，断裂在彼此的想象和失望里。人生的舞台上，如果没有能力交流，没有能力相互理解，没有能力去爱，那就无法激活彼此的灵魂，孤寂成了宿命。

"Box Seat"（箱座）中的男主人公 Dan（丹），爱上了女教师 Murial（穆里尔），但却没有得到回应。他懂得："世上根本没有幸福。生活里有喜有悲有美有丑，没人能把它们分得开。"但坐在林肯剧院里，望着不可及的女友，他情绪低落，只想和别人打架。走出剧院，当对手摩拳擦掌时，他却不再愤然，扬长而去。没有信念，没有可靠的精神支柱，他四处飘零的精神生命已经记不得当初为什么出发。

来自南方的白人女孩 Bona（宝娜），喜欢上了北方混血男孩 Paul（保罗）。后者忧心忡忡，担心受前者歧视。当他终于下定决心，想和她牵手人生时，她却悄然离开。肤色线阻隔的不仅有爱情,还有勇气、精神,还有欲望。

小说的第三部分只有一个剧目"凯伯尼斯"。北方混血男子凯伯尼斯去南方寻根、从教,却仿佛迎头撞入美国黑人血淋淋的历史,他郁闷,他惊恐,他愤懑,但最终却在不知不觉间陷入冷漠、无知、欲望的怪圈。赤裸裸的现实告诉人们,美国现代黑人寻根南部,重新认识过去,和历史相关联,既无法疗愈现代社会的痼疾,也不是逃避现实的出口。不过,小说结尾时作者所撒播的黎明的曙光,仿佛给美国黑人的未来注入了丝丝希望。"太阳升起了。金色发光的孩子,它走向天空,发出一首生命的吟歌,沿着灰色的尘土街道和南部城镇的昏昏欲睡的窗户倾斜而下。"

图默以表现主义的视角,透过事物的层层表象,滤析其内在本质,从人物的外部行为透视人的灵魂,进而通过人物的心灵体验,展现人内在的生命冲动。于是,图默把小说的帐幕徐徐拉开,人性的全貌、人生的全景便尽收读者眼底,而他始终保持着维特根斯坦式的沉默,用近似洁癖的冷然写作,没有分析,没有注解,没有旁白。毕竟,真正自信的人,总能简单得铿锵有力。

承诺写在风筝上

美籍阿富汗人卡勒德·胡赛尼的《追风筝的人》,是一部有缝对接的小说,分界线应是那个大雨天阿里和哈桑湿漉漉的背影。

前一部分里,有美丽的日出日落,有乌鹊南飞月明星稀;有主人公地宏天阔里童话般的优渥生活;有哈桑令人心疼的爱和忠诚;有哈米尔让人恨不起来的背叛和傲慢……

后半部分颇似唐后主"四十年来家国,三千里路山河"式的慨叹,写满了主人公"想要回原来生活"的人类本真性的渴望。这种"原来"对你我都不陌生:更年轻的自己,回不了的过去,从头再来的机会,尚未发生的悲剧……背着越来越重的十字架,哈米尔继续在战争的阴影里讨生活。既然战争是人性中欲望的恶性爆发,这一主题也就勉强和前半部分个体的罪与罚衔接在一起,但更像一个故事的续集。

整部小说,主人公一边追悔着自己的不堪,一边撕开人性的胸腔，勘察探究里面隐藏至深的欲望、虚伪、背叛、欺骗、自私和傲慢，当然还有忠诚和善良。

关键人物哈桑是一位物质与精神特质和"我"刚好悖反的人物。他低下头说"是"，承认自己偷了表，为"我"承担起一切的那一刻起，就把一个忠诚和爱的意象永久地刻在了世界文学人物的长廊里！"为你，千千万万遍"于他，不单是个空荡荡的诺言，而是带着"飞蛾扑火是因为着魔，狼群爬山是要寻找太阳"的毅然和决然。

作者写战争，不仅让小说有了更明显的时代感，更多的让普通读者如我，不由得发出"和平万岁"的感叹！"在喀布尔，你再不能相信任何人——为了获得悬赏或者因为受到威胁，人们彼此告密"；也因为战争，那里四处残垣断壁，孩子们衣不蔽体，弹坑满路，乞丐满街，瓦砾满地，警察满城，唯独没了天空中的风筝！人性之恶，在战火中如此恣肆狂舞，让人觉得待在自己的祖国随心所欲讲母语，坐在自家客厅看窗外花开，耳边有父母唠叨，身旁有孩子围拢，不是幸福又是什么？

一部好作品，一定少不了一些怎么也甩不掉的画面：父亲为哈米尔庆祝风筝节夺魁，在烟火中，他看到"哈桑端着银盘，服侍阿塞夫和瓦里喝酒"。那是一个想起来就呛得让人不愿多说的立体的画面：有烟火味道、色彩、火光和声响，有人物的懊悔、愤懑和得意等情绪，共同交织成几个人物复杂的心思、心情和心绪，而"我"的负罪感成了一辈子的梦魇。

"我"蹲在玻璃窗后看哈桑离开,"毯子紧紧卷起来,用绳子系住,背在身后"。那个大写着爱的背影,一直是"我"最不敢回忆起的画面,后来直接物化成沉重的道德十字架,沉浮在心,坚硬且冰冷。

　　回到喀布尔,"我"偶尔看到了一个"穿着棕色长袍的女子,肩膀上扛着大陶罐,沿着车辙宛然的小径,走向一排泥屋"。在荒凉破败萧索的灰色里,作者却安插上这样一幅似油画般安静、干净的画面,仿佛一股清新的生命气息挣扎在战争的硝烟里。

　　关于说谎,作者重复了几次父亲说过的话:"当你说谎,你偷走了人们知道真相的权利。"关于救赎,作者又借哈桑儿子之口,强调"坏人有时也会变好",而且"当罪行导致善行,那就是真正的获救",因为世上仍然"有再次成为好人的路",在不远处,更在灵魂深处。毕竟,你可以不爱世上的垃圾,但可以爱这个世界;你可以不相信人性,总可以相信人!

　　最后,我不得不说,那个"追风筝的人",不只是上唇虽裂但灵魂完整的哈桑,也不只是想要自我救赎的"我"自己,也许还有读者大众。毕竟,谁的心里没有理想、没有承诺、没有责任、没有担当、没有爱呢?

　　走,追风筝去?!

　　盯着或不盯着天空,要的是内心的那份决然和笃定!不问结果。

威尔·施瓦尔贝的读书会

应该说,《生命最后的读书会》是一本舍不得读完的书,书里装着人类渴望的一切情感和智慧。舍不得的,不仅有那位可爱可敬老人的生命本身,更有她那种勃勃的生命状态。

作者用书重现母亲的生活内容和过程,用书表达对母亲的崇敬和思念,在书里觉悟母亲的生命气息,重温母爱的点点滴滴。这一把读书和生死结合在一起的叙事方式,给传统意义上"慈爱、勤劳、勇敢、善良"的母亲形象加上了"生命不息,读书不止"的新形象,从而让书的功能超越了一切传统意义的逼仄!

书在文本里仿佛母子间的血缘关联,带着生命的律动,能翻阅出四季的光彩。他们在阅读中谈生活,在生活里谈阅读,让亲子之爱在生与死、真实与虚构、过去与现在之间涓涓流淌,温婉成世上最动听的声响。

作者用和母亲共读过的书来梳理、复活母亲的一生,每一章的标题都是书名或从不同的经典中提炼出来的关键词，并与母亲不同阶段的生命特质相契合。这种新颖，超过一切忆念一个人的形式和情感载体，因为书中海阔天空般的内容，足以包纳他用语言无法达到的宽度、长度和深度。

作者对母亲最深的印象，不是慈爱、打骂、发怒、工作狂……而是她"安静地坐在客厅中央，壁炉里烧着火，一条毯子盖在她的膝上，她的双手伸出毯子拿着一本书……安静地看着"。没有一个"美"的修饰，却让人看到了一幅绝世的画：静美、素雅、平和、安详，更有一种不动声色的母爱，在客厅里缓缓弥漫，散发出耐人寻味的醇与甜。

作者说"母亲只要感到悲伤、困惑和不知所措，就没办法专心看电视，但总能在书中找到庇护所"。母亲有热情有能力把生命活成书里的精彩，又把书里的精彩移植到自己的生命里，让书与生命再也分不开！

母亲坚信书的功能之一是能"帮我们诉说，让我们在不愿谈及自身的时候，有话题可以聊聊"。母亲说"无论什么时候，你读到一本好书，它都能改变你的生活，哪怕你自己没有意识到"；在母亲眼里，"感恩并不是指一定要回馈一些东西，而是当你得到祝福时的感受"；"感谢本身就是一种巨大的愉悦"……老者智者对生命的这些体悟和总结，带着睿智和慈爱，是对正捧着书阅读的我们最好的回馈！

作者写母亲嗜读书，说母亲坚信"阅读真正的反面，是死亡"。

让人不禁感叹，这是怎样一位爱读书的母亲，竟让死亡做了阅读的反面！所以读到奄奄一息的母亲躺在床上，四周堆积着各种她读过或再也读不了的书时，我们不仅会流泪，还会思考：母亲"死亡"了，"死亡"的反面"阅读"，去哪里寻找？不管怎样，母亲是留恋生命的，她不屑于济慈在《夜莺歌》里欣赏过一个极幽美的夜景之后说过的：Now more than ever seems it rich to die（现在死，更是多么富丽），而我们，更是不忍心看到母亲最后的"Now"（现在），好在她的生命都曾与"阅读"有关，她的死亡的确成了阅读的反面！

　　……　……

　　总之，这是一部内容丰厚的写母亲传记的书。不寻常的是，它是用书和爱黏合而成的。

读书人的天堂

加布瑞埃拉·泽文的《岛上书店》，读书人的天堂，听起来都令人神往。正是在这两个美妙的小空间，作者把人、事、物、情写得立体饱满。一本内蕴丰厚的书，何须一个华丽的封面！

可以说，这是一本用书串联起来的书，书评链接起几个主要人物的生命故事。书中的一切，似乎都可以拿书来考量：想了解一个人，去"问他最喜欢哪本书"；玛雅的重量"至少有一箱二十四本精装书那样重"；如果詹妮是一本书，"她会是一本刚从箱子里取出来的平装书——没有折角，没有水渍，书脊上没有折痕"……

同时，书的写作、出版、销售、流通、阅读、评论和影响力，几乎是所有人物关注的话题；更重要的，书还用以邂逅爱情，收获友谊，安抚灵魂孤单，认识评判社会，成就他人和自己……于是，有人写书，有人卖书，有人买书，有人盗书，有人读书，有人因书丢了性命，有人用书挽救生活、延长生命……

作者用自己傲人的阅读量，不断给读者以挑战和福利。走近这本更像书店的书，读者大概需要一个上百个 G 的脑盘，否则无法透彻地理解所涉猎的几十个主人公；而作者对经典或畅销书的阅读、批评和引用，让读者直接接触到"书中书"的魅力，觉得自己占足了便宜。这还不够！狡猾的作者还时不时地恭维、奉承着读书人，让你在虚伪中继续读下去……

爱，是贯穿本书的一条红线。特殊之处在于，作者对爱的界定，朴素得可爱，能让人冲动地爱上"爱"——"心里隐约沸腾着一种熟悉的、略微有点让他难以忍受的欢欣感"。写到玛雅，爱溢出了文本，小岛书店的空间是拿玛雅的身体做度量的：15 个玛雅宽，20 个玛雅长。每章开篇 A.J. 写给玛雅的书单和简评，更像是用父爱黏合成的——"请记住，玛雅：我们在 20 岁有共鸣的东西到了 40 岁的时候不一定能产生共鸣，反之亦然。书本如此，生活亦如此"……作者还把"内衣"和"母亲"并置，对等着推倒出了母爱，不知不觉渗入人的心扉，暖暖的，带着酸味："她妈妈一直到去世前，每隔一个月都会给她寄来新内衣。她这一辈子都不用买内衣了。"作者最后对爱的总结——"我们不是我们所收集的、得到的、所读的东西，只要我们还活着，我们就是爱，我们所爱的事物，我们所爱的人"，与开篇的那首爱情诗遥相呼应，回荡成文本内爱的珍贵和美好。A.J. 几年来单调无聊的"用刀割，压平，摞起来，捆好"的生活情态，就是被爱激活的，而他弥留之时没能发出来的那个词——love，更是把爱渲染成无奈的眼泪。

作者对爱情的认识，简直通俗得有些俏皮！"要是有谁觉得你在一屋子人中是独一无二的，就选那个人吧。""当我读一本书时，我想让你也同时读。我想知道阿米莉娅对这本书有什么看法。我想让你成为我的"……所以，读者如你我，最想分享给一本书的人，大多是我们在乎的人。不是吗？

怀旧如同乡愁，是人类的通病和宿命，这一气息一直萦绕在小说的后半部分。只是本小说中的"旧"里，藏着一个时代，一座孤岛，一个书店，一本不再受关注的书，一个被遗忘的作家，一段无法忘记的时光，一个被爱包裹着的温暖时空！一书一世界，无人为孤岛。书尚在，读者换了一代又一代，作者在哪里？世界尚在，历史在绵延，你我却不是短篇，更不是长篇……那就暂且把这种悖论和遗憾留给爱，等待救赎！

还想强调的是，不管我们怎样惦念那个被现代科技文明冲击得岌岌可危的岛上书店，不管我们多么喜欢新书的味道和纸质书的手感，当我们抱着手机，津津有味地享受着作者的文字时，何尝不是用行动反讽着作者对电子书的厌恶，在无奈中论证着一个时代的终结？！

阿图·葛文德的生死告别

刚读完《最好的告别》中作者的序言，就像曾读到康德那句无奈的疑问"我们不知道自己凭什么被赋予了极其短暂的生命，也不知道自己究竟何时何地将交出生命，重新加入到自然之永恒的物质循环之中去"一样，心中矫情地升起对人类真真切切的爱和同情。尽管作者令人信服地阐明了"生的愉悦与死的坦然都将成为生命圆满的标志"，也反复强调"讨论死是为了更好地活"，但读到他无畏地谈论死亡，展示生命终极来临时人的种种抗争，还是让我心疼不已。人类要不要这么理性、冷静得面对死？要不要把死亡当作一种艺术而竭力寻求其美呢？

经历过和亲人生离死别的人，哪会轻易认可"救治失败并不是医学的无能，而是对生命进程的尊重"，尽管很少有人质疑"让人们在有生之年住在他们可以称之为家的地方"，而不是面对各种冰冷的器械和所谓的科学救助。

至少于我，十几年过去了，还清楚地记得母亲弥留之际我的心理：知道她很痛苦，同时坚信她有活下去的愿望。既然世上有"奇迹"一词，谁不希望它就发生在生死攸关的那一刻？所以，勉强认可作者的逻辑，但仍然相信母亲在属于她的那一刻，一定还在盼望奇迹！要不然她如何安置她那满腔的爱呢？一般而言，人只要有痛感，就说明 Ta 的知觉还在；知觉在，愿望也应该在；人若还有愿望，难道不是生命和爱吗？总之，特殊时刻放弃对某个生命做任何意义上的救助是一种"死亡的艺术"，让人接受得艰难而无奈。

既然如书中谈论的那样，生命临终点时总有极致的痛苦（身体上，精神上）相伴，那么阿图讨论的"优雅地跨越生命的终点"是不是个假命题？阿图冷静地说："对此，大多数人缺少清晰的观念，而只是把命运交由医学、技术和陌生人来掌控。"然而，生活在科技时代，于芸芸众生，不这样，又能怎样？有几个像他那样出自医学世家的医生可以咨询？有几个像哈佛医学院那样的医疗条件和人文环境？又有几个像他一样同时有心理学知识的医生？

孔老夫子说："不知生，焉知死？"可见，生难以知，死亦难以知，生死的交叉点，大概更难以知。那就尝试永远以同情的目光看待世界，看待人类，看待死亡……

娜塔莉·戈德堡的写作禅

《写出我心》又一本不想读完的书，从头到尾，一直被作者的写作激情所感染。同时，一个行者的意象挥之不去：怀揣笔记本，蓬头垢面，走路带风，不管身处何地，不问今夕何夕，在任何你想象得到或想象不到的地方——咖啡馆，饭店后厨，车站，机场，墓地，玉米田……埋头飞笔。

她写眼前，写天边，写大千世界，写灵魂精神，一般先从视角体验开始，再移转到听觉、嗅觉、味觉和感觉，一直飞笔下去，让自己与外在的世界合而为一，人生与天地融为一体。且反复提醒读者：您可别忘了最终抽身返回自己，把世界、情绪、鲜花、苦甜、悲欣放走，归还！用她的话说，"用你的写作占有你想要的任何东西，然后放手，任其离去"，且允许自己用"世界上最烂的文字"。这种"归去来兮"式的写作模式，与宋代禅宗的三种境界异曲同工。难怪本书在台湾被译为《写作禅》，听起来就高大上。

不同于大家托尼·莫里森视写作为"一种思考的方式",娜塔莉认为写作是在探索,"探索你和某个题材的关系";是"一种努力的方式";写作等同于"呼吸";还能"治疗焦虑";写作就是生命,要"乐于把整副生命放进字里行间",先尽情放逐,激情奔跑,再绝情地抽身返回。"你在写作中活着,成长着,精神强大着,写作通过你而成了'此在'",有了意义。写作于她,也是生活本身,"生活何其丰富,只要能写下过往和当前的种种真实生活细节,你便不大需要别的东西了"。

娜塔莉在本书中还以身试"法",通过自己的文字,展现写作时怎样收放自如,诠释出艺术的内涵和意义。"别太快扯缰绳,给自己庞大的漫游空间,做个彻底迷途的无名氏,然后重返故土,开口说话。"真想知道,艺术以这样的形式横空出世,那得费多少体力,除了精力和脑力!

作者在回望过去时,对自己曾经的努力给予了极大的爱和同情。她认为自己"很认真,很努力,很纯粹"。她也承认自己很聪明,可惜经历过不少的"破碎",好在她知道从中汲取营养。"如果没有过那么多的破碎,也许看事情可以更清晰。虽然并不知道后来的结果如何,但从不害怕。相信尽心即可,结果要来的时候,自然会来。"读至此,没忍住隔空心疼那个随时随地埋头记录生命细枝末节的娜塔莉了。

但,当我们点赞作者对写作的领悟的同时,千万别忘了,阅读(必须有阅读)也是她的强项,只是被其强大的写作能力和欲望遮挡住了。激情固然可以帮助作家投入写作,但读书思考才可以帮助其完成写作的内容。所以,不管她在哪里,总有各种书籍随时在侧。她读亨利·米勒的《北回归线》,读《非洲的青山》,读海明威的《流动的盛宴》……"这就是为什么我们必须一而再地回到书本跟前——我指的是好书,并且一而再地阅读种种洞悉人生意义与方向的见解"。显然,作者对写作的领悟与其阅读习惯无不关联。

读完本书最新鲜的感受是:人,竟可以硬生生地把自己逼成作家!靠着自己的努力和决心,踩着上千斤重的笔记本,爬到了畅销作家的榜单,硬生生地在手心中画出了一条辉煌的事业线!(暂且忽略她的聪明)

最后,喜欢上了这个把生命生活和生存、激情决心和毅力都给了写作的人;也喜欢或似乎喜欢上了写作。

我与世界的距离

在当下的美国，世界与"我"之间有什么阻隔？《大西洋》杂志社的专栏记者、多次获国家级新闻大奖的 Ta_Nehisi Coats（塔那西斯·科茨）在其《世界与我之间》(Between the World and Me) 中做了条分缕析的解答。该书还被《纽约时报》评选为 2015 年十大优秀著作之一。

有感于 2015 年上半年美国连续发生三起白人警察枪杀黑人青年事件，Coats（科茨）在文中以和儿子对话的形式，透析了种族主义在当下美国的猖獗及其根源。一部非虚构作品，不仅透析了眼前的世界和生活在其中的"我们"，更指出了世界与"我"之间那个非虚构的存在：大梦里没有我们，我们的小梦难以实现；历史中没有我们，但却正是我们的血泪、生命和尊严，缔造了美国的荣耀和辉煌。

行文时而像法庭上的据理力争，时而像客厅里的娓娓低语，时而像街道上的倾情演说，时而像课堂上的引经据典。专栏记者出身的 Coats，以广博的知识，严密的推理，刚劲、华美、一泻千里的语言表述，为那些曾带着镣铐枷锁的祖先们鸣冤，为后代子孙做理性指点，为历史书不平，为政治敲警钟。

（一）"我们"的世界

林肯在 1863 年宣布的"民有民治民享"中的"民"，历来就不包括你的母亲、祖母、你和我。

在这个世界上，白人美国的进步或者自视为白人的进步，是以抢劫和掠夺为基础；腥风总是向着你吹，恶狗嗅着你的脚底 (the wind is always at your face and the hounds are always at your heels)。因此你务必清楚：生存和安全远远不够。社会学、历史学、经济学、各种图表等都带着巨大的威力重压在我们的身体之上；大街上、校园里、精神上的恐惧，充斥着我们所有的生命空间。这种恐惧从历史中来，在现实中狂舞，正弥漫向未来。

黑人的暴力来源于愤恨，而愤恨带来身份感，如同火焰来自于烟灰，只是不知这种源自恐惧和爱的暴力是为我们备好的棺木还是为我们敲响的警钟。

大街上危险重重，充满了血腥；学校教育不关心学生的兴趣，只关注规训和顺从；不试图揭示真理，只一味掩盖事实。如果你遇袭身亡，美国当下的政治告诉你，从某种程度上说，那一定是你的错。

警察被给予最大的权力滥杀无辜，却承担着最小的责任。所以你要为你黑色的身体负责，为其他黑人的不良行为负责，因为你总和他们脱不了干系；你还须为有权力的人负责，因为警察很快会从你鬼鬼祟祟的行为中找到借口。

为奴时，我们是这个国家第一笔不义之财，是其获得自由的订金。内战之后，黑色的身体又成为第二批抵押款，成了客房，成了完工后的地下室。我们的生命虽然卑贱，但身体却成了价值连城的自然资源。

在这个世界，更可怕的是：逻辑以法律为基础，法律以历史为准绳，历史以黑人家庭及其他们的命运为积淀。

（二）"我"的生活

霍华德大学永远都是我朝圣的"麦加"。那是黑人流散的路口，是美国风暴的港湾。我在那里读书，在那里成长，修身养性(formed and shaped)，还学会用写作对抗我的无知和愚昧。图书馆里，我发奋阅读历史书籍，在政治名人 Malcolm（马尔克姆）那里，得到了启迪，找到了自己，拥有了自己。

初为人父，我明白了什么是责任，懂得了什么是爱。给你取一位法国抗击殖民者的英雄的名字，望你能够继承其精神遗产。

我的校友 Prince Jones（普林斯·琼斯）被警察杀死，让我体悟到黑人家庭给予孩子厚重、深沉、艰涩、苦楚的爱。家长们常常借助网线、电缆和马鞭，教育孩子双倍地优秀于他人，以保全性命，因为 Either I can beat him or the police（要么我打他，要么警察打他)。

曼哈顿大街上的富足繁华、灯红酒绿,让我看到白人和白人孩子们的无忧无虑,而我们整日地担惊受怕。消耗的是能量,摧残的是身体,扭曲了的是人格。我们因此而不再温柔,失去了微笑的权力和能力。

同样在曼哈顿大街上,你尝试逗一个小女孩开心,却被她的母亲一把推开。我随后想和她辩驳为你讨回公道,但却悲催地意识到"试图为你辩护其实是把你推向危险境地",因为旁边有人威胁要把我扔进监狱(I could have you arrested)。

于我,杀死好友的黑人警官与9·11中抢险的警察和消防员没什么两样。他们都如同大自然的威胁,像火、像彗星、像风暴一样,毫无公正地摧毁我们的身体。

我看穿了内战:它从来都是一场掠夺。那时,我们这群被偷来的身体价值4亿,比美国所有的工业、铁路、车间、工厂加起来还多;我们创造的产品——棉花,成了美国最大的出口商品。是我们的身体,积累起了美国的资本和国家市场。团结、合众这一目的,"让奴役成了善行和绑架身体的白色骑士,让战争中的屠杀成为体育运动,还说内战双方都有勇气、尊严和热情"。这就是内战的谎言,这就是所谓的梦想。

我花了很长时间只想了解世界与我之间的缺口(breach),而非种族(race),因为后者无非是对前者的重述和缩写。如今我终于明白,把我和这个世界分开的,不是我们的内在,而是那些试图给我们命名的人。我们所受的伤害，也并非来自我们的黑皮肤、厚嘴唇和扁鼻梁，而是其后发生的一切。

（三）世界和我之间

是那些被种族主义者戮走的时间，因为我们不得以要花时间准备面具，花时间接纳另一半的自己。这个时间永不复还，只能用时刻而非一生来计算，那是"刚打开却没时间喝的酒，是和她永别却没时间给的吻"。

是杀死黑人身体的、隐形的美国传统、遗产和梦想，是国家给予警察的权力，是美国遗传给他们以权重。

世界和我之间，也有我们时而放纵的生活，可那是我们控制自己身体的宣言 (being her own declaration of control over her body)；我们位于国家的最底层，但没有底层，山就不成其为山。

所以，你须记住：黑人在这个国家自由的时间，远没有受奴役的时间长；250多年来，黑人一直出生在枷锁上——代代相传的只有锁链。

你须清楚，了解历史固然重要，但只有了解和认可黑人的愤怒，我们才可以控制愤怒。所以斗争是我唯一可以给你指点的，因为那是这个世上你唯一能够控制的部分。

你不能忘记：他们从我们这里攫取了多少；不能忘记：他们如何把我们的身体转换成蔗糖、烟草、黄金和棉花。

你还须去战斗，不是因为它能够带给你胜利，而是因为它可以许你一个尊严和生活。为了祖先们的记忆，为了智慧，为了麦加的热情，为了你的祖父母，为了你的名字而斗争。

在白人眼里，美国没有种族主义。所谓的种族主义者只是幻想出来的傻瓜、魔兽、侏儒或笨蛋，所以你必须让他们承认这样的事实，这是你的工作，必须是你的工作……

一个人的朝圣路

蕾秋·乔伊斯的《一个人的朝圣》，同行的人来来往往，有的出于好奇，有的带着善良，有的藏匿着俗世里赤裸裸的欲望。有的陪他一程，有的跟他一段，但只有他自己，可以决然地随自己到地老天荒……

作品刚一开篇，就悬念重重，总感觉和狡猾的作者在捉迷藏。面对20年前异性友人的临终告别，你会怎样回信？"他小心地把门关上，以免发出太大的响声。"这次关门，是不是也闭合了你心中很多的秘密和不如意？看着一个佝偻的背影渐行渐远，一个个人物出现了，似乎参与了他的生活；一个个路标出现了，又指向哪个方向？前路漫漫，却不知未来有多远，他不得不出发，去回应远方的呼唤。这难道不是每个人的生命方式？有时候，离开，也是抵达；结束，等于开始。

当我们被四季、义务、责任甚至习惯推着向前，不知、不敢或不屑于问为什么、要去哪里的时候，他却朝着北方，千山万水追逐着依稀的梦想。执着是他的脚印，信念是他的气息。眺望低空的太阳、高空的月牙，听枝叶在风中作响，闻一路的花香，揣摩不幸的过往。

13岁时，一心想着旅游的母亲离家出走；16岁时被酗酒的父亲赶出家门；还有剑桥毕业、患抑郁症自杀的儿子、20年名存实亡的婚姻……他把这一切丢弃在路上，然后山高水长！

人们常常把"回家"称作听起来就暖暖的"归程"，而哈罗德却倦鸟"弃"巢，把离家当归宿，把想象当真实，把过程当目的！他逆着历史、追着天光，走进了时间，直把自己走成了自己的香客、观众和演员。

"如果我们不趁着现在偶尔疯狂一下，日子就没什么盼头了。"看似随意的一句话，芸芸众生谁听了不会心动？适当的时候和生活开个玩笑，有什么不可？或许这就是世界所需要的，少一点理性，多一点信念？？？

合上书，如果你未曾心动，你还没有读懂生命；如果你心有戚戚，那你感性、善良且有思想；如果你已经出发，那你一定上了艺术的当！喧嚣纷扰的现世里，我们都曾想过逃离，希望逃离，幻想着逃离，但能够逃离、应该逃离、必须逃离吗？很多时候，心可以飞扬，但身却仿佛戴着镣铐手舞足蹈！

毕竟，"走路不是世上最简单的事情"，也不是"把一只脚放到另一只脚前面"那样的简单！别提什么"竹杖芒鞋轻胜马……一蓑烟雨任平生",也别找"兰舟催发""心远地自偏"的借口!若真要回溯自己、咀嚼过往,待在哪里不都一样?

毕竟,很多时候,我们其实也都在想着念着等着盼着一个永远也不会归来的人,而那个人何尝不是在岁月中慢慢风干的自己?

我不知道500英里长的路径,87天的旅程,他给那位曾"知道拘谨,不漂亮,做事认真,会倒着唱歌"的好心人奎尼,带去的是轻飘飘没有希望的希望,还是让她在苟延残喘中延续着命运的折磨?我只知道今后好长一段时间,只要闭上眼,就能看见一位孤独的老人,在月圆月缺里,倔强在英格兰不太平坦的路上,身后是一串串的脚印,前面是他永远踩不住的影子!再前面,就该是那座所有人翻过去就永远也不会再回来的山……

我还明白了:你救不了所有人,包括自己。因为"有他没他,月色都不会改变,冷风也不会停歇"。而那个让他和妻子几十年挂念在心的笑话,就是爱本身!因为有些东西,只要期待,就可能存在。

洛格斯登的农夫哲学

基恩·洛格斯登在他的《农夫哲学：关于大自然与生死的沉思》中说："这本书要是没让你流一滴泪，那他就把你买书的钱退给你。"这位乐观、勤劳、幽默的老头作家如是说，还是有点自信了。尽管读到底都没有流眼泪，也不指望要他承诺的回头钱，但书中一些浅显但却被我们忽略的道理，值得反复咀嚼。

园丁和农夫要比其他人更容易接受死亡。每天，我们都在帮助动植物生命的诞生，又在帮助它们结束生命。

现实世界里没有开始，也没有结束，只有永远的当下。

你能承受住任何事情，因为你别无选择。

聪明的人类完全有能力实现生物学意义上的不死。问题是，我们不配（作者喜欢的一句话）……

当然，读完此书，除了认识了很多踩在脚下的草、飞在空中的鸟、功能神奇的雨和雪，了解到大自然巨强的修复功能，还可以学会怎样牧羊、怎样养鸡，至少在猪年，学会怎么杀猪……更重要的是，学会怎样乐观地看待生死！而这些，全都是作者从他的"一亩三分地"里一点点、一寸寸、一天天地悟出来的。

　　前半部分作者对于大自然的感悟引人入胜，后半部分对时、序、物的描述多于领悟，文字显得拖沓啰唆。7.5分，大概不太亏他老人家吧？

穆来纳森的稀缺论

哈佛大学终身教授、当代学人塞德希尔·穆来纳森在《稀缺：我们是如何陷入贫穷与忙碌的》，很有道理地讲了一个普普通通的道理：时间和钱的稀缺，会影响人的认知能力和把控能力，进而直接决定着人生活的宽度和高度。内容似乎只是居安思危、未雨绸缪、曲突徙薪之类的劝诫，关涉经济学、管理学、心理学、社会学、哲学等诸多方面。而且，所谓的管理学也可能只是什么时候该回邮件，哲学也就是让你明白怎样活得更好，社会学经济学，也只不过关心你怎样避免穷上加穷和富上更富……但论述却深入到问题的本源，把小道理剥丝抽茧、滴水不漏地拆解给人看，还总带着推心置腹的语气和耐心，容不得你提出任何质疑！这是一部严肃的学术作品应有的高度！

穆来纳森认为：资本、不公平的教育、个人意愿，是贫穷的主要原因。"长期的贫穷、孤独和疲劳会直接导致一个人分析能力、判断能力以及自控力的下降。"俗话说的"人穷志短，马瘦毛长"，其实一语道破了贫穷导致的障碍，绝不仅仅是物质性的。

穆来纳森可以用来看清什么是当前流行一个词"阶级固化"。也即，人们很难逾越自己的阶级界限。就像凭双腿奔跑的人，无论身体如何健壮、无论跑得多努力，最终都赶不上汽车一样。不过，造成阶层固化的并不只是资本一个因素。"教育的不平等""意愿"同样重要。尤其是原发性的"意愿"。穆来纳森说："上升，除了需要梯子，还需要具备爬梯子的能力。"没有强烈的意愿和足够的能力，即使有无数的梯子摆在我们面前，那又怎样？

其实，人的生活里，只要愿意，每天总能接收到无数种道理。但不是所有的道理都会在不知不觉中渗透贯彻到你的实际生活里。本书是个 exception（例外）！

不得不说，无缝对接式的翻译也是本书的优点之一。没有语言间的距离感和违和感，至少不会像在读别的译作时，为搞清句子的逻辑，还不得不还原很多的定语从句。

总之，本书也是为数极少的几本担心读完的书之一！必须赞！

咖啡馆里的存在主义

英国作家莎拉·贝克韦尔的《存在主义咖啡馆》,是一本将哲学思想和传记事实相结合、探讨存在主义与现象学的书。以存在主义哲学家萨特和波伏娃的关系为主线,集结起与他们的生活、思想、工作相关联的诸多存在主义大咖们——尼采、加缪、克尔凯郭尔、海德格尔、雅思贝尔斯、梅洛庞蒂等等,可以想象,几乎每一页都有思想的火花闪现。

本书中对存在主义的起源、背景、发展脉络、基本特质、思想"转向"等做了详尽的解读,而对相关哲学家的生平故事所展开的事无巨细的记述,让有些枯燥和冲突的存在主义哲学多了不少人间烟火的味道。"存在大于本质""他人即地狱""自由""自在""自为"等概念被作者八卦式地化解在不同的故事里,不再高冷。

还必须点赞本书的另一特点:参考文献、注释和索引这些"后文本",几乎占据本书内容一半的篇幅,这种旁征博引和治学态度的严谨,真正打脸了当下国内学界某些复制粘贴式的科研态度!

就此，向作者致敬，并推荐给那些没有系统见识过存在主义思想的读者。

读《认识每一朵盛开的花》

但凡书痴写的书，读来总有一束光在闪耀，温暖如春。作者不仅探讨了一些一直困扰你的问题，还给了你心服口服的答案，且读着读着就碰到了自己。与花无多大关联的这本《认识每一朵盛开的花》，是我认定的好书之一。

英国19世纪小说家、散文家George Gissing（乔治·吉辛）是个"以读书为生活"的文人。这本生活随笔，用平实的语言记录了春夏秋冬四季中的诸多生命生活细节：关于读书、贫穷、音乐、自然天地、花草树木等，但读书这一主题贯穿始终。

书痴拉家常，几乎带着某种神圣，悲喜苦甜，无不与书有关。阅读的过程，心中会时时涌起一种热浪，对于阅读和未知的渴望，对于静静坐下来翻看一本好书的热切，对于过往一些非同寻常的阅读体验的回味。

贫穷不仅没有限制他的想象力，反而助燃了他对书的渴望。为了买书，吉辛有时不得不饿肚子、当搬运工。年老时得益于一位朋友的遗赠，他摆脱了经济上的窘境，终于避免了居无定所，选择了偏僻而美丽的德文郡，读书、读天地、读自己。"在一切事物中，我追求安静，但却求而不得，除非我于某一角落，手执一卷书。"《效法基督》里的这句话，仿佛是为吉辛量身定做的。而"享受"知识是他给阅读最有价值的定义！

看看他对书的渴念："有好几十本书，都是我拿本该用来购买生活必需品的钱买的。有好多次，我站在书摊或书店橱窗前，内心纠结万分，因为身体的需要和对知识的渴望彼此冲突"；"眼前有一本书，知道这名字有大半辈子那么久了，但是从未买来读过。我收到它后，恭敬地拿在手里，轻轻地翻开，浏览每章的标题，想着阅读时该是何等的享受，最后激动得连眼睛都模糊了"。读到这样的描述，有没有一种冲动，想要跑到自己的书架前，一本本抚摸自己那些藏书的质感，闻闻书香，不管看不看？

没有功利性需求却习惯于买书、读书的动力、价值和意义在哪里？想必这是许多读书人常有的疑惑，吉辛给了最满意的答案，且总让人想到爱默生的"我们长期以来的想法和感受，有一天将会被某个陌生人一语道破"的绝妙！——"难道我是为未来生活而看书、积累知识的吗？诚然，我已经不再为忘记知识而烦恼，因为我已经享受到了那转瞬即逝的快乐。拥有了这等体验，作为一个凡人，我还能再要求什么呢？"他还解释说："要知道，这些自然萌生的智慧是我们生命最好的产物，只是可能碰巧在市场上没有价值而已"；而"正是看似无益的阅读给了我安慰和力量，让我能安心地住在这小村里，等待生命结束"。……所以，阅读吧！别问世俗的价值和意义。有时候，阅读是为了阅读本身，其中的奥义只有真正的读者懂得。

"现在，我依旧会被新知识诱惑到无尽头的求知路上，依旧会买新书。埃及和我有什么关系呢？但我深深被弗林德斯·皮特里和马伯乐吸引了。我有必要关心小亚细亚的地理知识吗？但我还是将那本众人称奇的书买回来，并带着不安的快感阅读了许多页"……这里，"不安"和"快感"并置，对撞出一种阅读的特殊风味，也正是我认可的答案。

很多时候，对于书的态度，决定了人们读书所得愉悦的深度。来看看吉辛："阅读这种书，需要换上舒适的衣服，等到思绪宁静下来，郑重其事地翻开来阅读。若是'神圣'二字有所指，这样读书不就是神圣的吗？"作者在此给读书饰以"神圣"，一点也不违和！只要想象一下那个生动可爱的画面，不知道那些不喜欢读书的人，会不会有向往？而那些本身就喜欢读书的人，会不会更享受读书的乐趣？

"若是思想不能用于指导生活，想再多又有何用？也许还不如一直不停地读书，让庸碌的自己徜徉在他人的思想活动中。"这样的疑惑一定不是一百年前的吉辛独有，而他这样轻描淡写的解惑，让人愿意继续在他人的思想世界里寻找自己的故事，享受那份痛快淋漓！

书，还是作者至死也放不下的宝物！"也许当我躺下等待死亡之吻时，那些我已忘的书会复现于恍惚的思绪中，我忆起它们，就像忆起生命路上于我有恩、但却不能朝夕相伴的朋友一样。在这最后的告别中，该有着怎样的遗憾啊！"吉辛在大限之日有没有遗憾，我无从得知，但花点时间阅读完这本书，一定不会有遗憾。

……………

德文郡，冬日里，日暮夕阳下，傍晚的炉火边，一位绅士影只形单，内心却有思想在翻卷！没错！这就是本书结束的地方……

最后，摘抄一句原话，与书友们共勉：

当你想到当今世界大面积存在的自大、无知和卑劣，不管你是多么垂头丧气，都不要忘记，在这个世界上，还有许多聪慧的人在勇敢地生活着，他们在尽可能地发现这个世界的美好的一面，不因恶劣的境遇而灰心，并且竭尽全力做他们必须做的事。

威尔·杜兰特《生命的意义》

我承认，读完这本书后，我变得乐观了。太喜欢这种在悲剧中找肯定、找意义的文字！看完序言，先写了下面这几段话，想在大家们对生命意义的探讨之前，做个肤浅的思考。尽管我思考的结果没什么意义，但至少思考本身是有意义的；没准也可以构成人生大意义的一部分，也即庸俗、肤浅和迂腐。

首先，外在的世界里，有着生命的意义。家庭，学校，社会，国家，自然，宇宙里，都有我的位置，而我的位置就是我的意义。如果我付出的比我得到的（非物质意义上的）多，那是意义；若我得到的比我付出的多，那是一种快乐，而快乐本身就是意义。

其次，我自身的肉体与精神，也是意义。它们之间互为依存，互为表里，才有了完整的我，而完整本身就是意义。

再次，线性时间里都是意义。培根曾说过，历史是沉船的木板，除了颓废、堕落和死亡，似乎没有什么东西是确定无疑的。我质疑这样的论点。就生命本身而言，过去的意义，在于成全了现在；现在的意义，是过去意义的承载和延续；而过去和现在共同让未来有了可能，而这个可能就是意义。

生而为人，有思考，有感觉，有爱的能力，有希望，就是意义，值得珍惜的意义。所以，人，人着，就是意义。

....

在所有大家们的回信中，我最喜欢的是传记作家莫洛亚。他在思考之后说："还是好好生活吧，把生命当作永恒，即使有人能证明地球上空无一人，你的生活也不会因此受到影响。你不是生活在地球上，而是活在自我之中。"语重心长，像拉家常似的亲切。

美国著名幽默作家威尔·罗杰斯说："好好生活，即使失败，也要继续前行。"正能量满满。

著名外科大夫查尔斯·H.梅奥说自己忙着治病救人，没给答案。但也疑惑"我也很想知道要怎样提升自己，才不至于活得像行尸走肉"。忙着，尤其是为了他人忙着，就是意义。

我最为沾沾自喜、最最认同的是维贾尔默·斯蒂芬森教授的这句话："如果我感觉有什么值得追求，那么我觉得是增长知识和传播知识。所以只要有机会，我就会在这方面不懈努力。也许生命是否有意义这个问题本身就没有意义。"也许是同样的职业，我竟然看到自己跟他相似的答案！！！

一位探险家说，"行动比思考更有好处"。正如"致知在于躬行"这句拉丁语格言揭示的道理一样。能行动，就是生命的意义。

剧作家萧伯纳不屑于思考这类问题。他调侃道：我怎么会知道？这个问题本身有什么意义吗？

而哲学家伯特兰·罗素的回答最出乎意料："很抱歉，最近我太忙了，没时间思考生命是否有任何意义这个问题。我认为我们不能去评判发现真理的结果，毕竟迄今为止我们还没有发现什么真理。"这是典型的哲学家的诡辩，既回答了问题，又否定了问题。

当然，最小肚鸡肠的，是作家赫尔曼·凯泽林。"要想认真回答您提出的问题，一封信肯定是不够的。另外，我更喜欢在自己的书里讲述我的想法，而不是让它成为别人书中的素材。"瞧瞧，他不愿意别的作家引用自己的文字而多赚稿酬。

最后，回到杜兰特自己这段接地气的话："生命中总会涌现美好的瞬间（不确定是否还有更多美好的瞬间），即使除此之外不再有意义，那也足够了。风雨中艰难前行，阳光下脚踏白雪，目睹夕阳西下、夜幕初降，这些都足以让我们对生活充满热爱。让死亡降临吧！"

本书最后附上的，是被判终身监禁的一位犯人的思考。而这位犯人下面这段话，释放出本书最大的俗常意义：

"每次我拿起报纸读到有人自杀的新闻，我都会感叹：真有人相信生命是没有意义的。"

字里行间（一）

阅读，是带着强烈的个人好恶，与文明史中最有意思的头脑对话，听其吐槽人间万象、赞美大天美景，猜其文字背后各种意图、情态。有时也难免（或情愿）误入他们挖好的坑，上他们大大小小的当，然后共时共悲欣。如果愿意，还可以把阅读时的那一点点触动，拧巴成文字，享受毛姆所谓的"人生和阅读的莫名交汇造出的美好片刻"！这是我最认可的读文学的方式，撇开所有的理论挟持，避开一切大咖小卒的赞赏或批评，通过阅读保持点人间的诗意和对生命的憧憬。

毕竟，一本活生生的知识文本，何故要修一条理论的栈道，迫使一些热乎乎的想法和各种专业名词碰得鼻青脸肿甚至头破血流，才算高、大、上？更何况还有学术大家们的支持！作家戴夫·艾格斯（Dave Eggers）说："不要当一个批评者，我求你们。我曾经是一个批评者，我很想把那些话都收回，因为那些话都出自我身体里一个发臭和无知的部分，用的都是愤怒和妒忌的声音。自己写出一本书之前，不要看轻一本书；自己拍出一部电影前，不要看轻一部电影；和一个人见面之前，不要看轻这个人。"诗人里尔克也说，不要去读评论，它们要么是派系之争，要么是文字游戏，是艺术创造最大的敌人。

是的，在时下盛行的理论或批评的镜子下，我们的直观单薄、瘦小、肤浅，甚至踩了红线，但文学阅读，难道不该是因为喜欢，所以喜欢？

所以，文学于我，是把思想的果汁从文字里一个点点挤出来，或独自酣饮或找个围炉／隔空对饮。慢慢地，你会发现，不同的主题，会在某个瞬间狭路相逢；不同的阅读，会在不知不觉中自动汇聚到几个固定的点……文学的神奇恰好就在这里。

接下来的几篇书评，是和之前的学生、湖南大学博士在读的彭安琪就《弗兰肯斯坦》这一经典哥特作品的微信聊天记录，深深浅浅、严肃和不严肃之间，都是文学的味道。

时间：2020 年 8 月 15 日周日晚 10 点整
主题：玛丽·雪莱《弗兰肯斯坦》（之一）

J：因为近一个月来都很沮丧，读的书也很巧地配合了我的心情。所以关于这本小说，我要回到最原点，聊个很感性的、很业余的话题：作为 200 年后的读者，我们在这本纯幻想的故事里寻找意义，有什么意义？

安琪：先抱一抱您［Hug］，大概能猜到您为什么沮丧。因为读的书，因为遇的事，没什么不公平的，我也常常会想这个问题。我妈总是说我是吃饱了撑的，说我是从来没受过苦所以成日里想七想八的。您问我这种纯幻想的故事意义何在，我一时间也给不出完美的答案。但我知道有时人世界的事情比这些"纯虚构"的更可怕更荒诞。也许纯幻想反倒给了我们一个尽情放松的空间。就像哥特文学在维多利亚时代被称为 pleasing horror（令人愉快的恐怖），虽然 horrible（可怕），却是 pleasing（令人愉快的）！那这种纯幻想的是不是也是一种 realistic absurdity（现实荒诞）？虽然荒诞离奇，也能给我们现实的感触呢？

J：其实晚上散步的时候，我已经说服了自己。阅读这样的作品，一是人类的生活不免乏味和枯燥，几乎每一步都按部就班，而本小说恰好提供了某种梦幻，满足了我们的探险心、好奇心，让我们体会到了恐怖、恐惧、悬念等，也算是对平凡生活的挑战吧？

纳博科夫说，好小说都是好神话。这里的"神"，我的理解更多的是心灵、精神层面。所以，尽管是科幻，作者却尝试制造真实，借此探索与寻找世界的真实面目。

安琪：关于这一方面，我深有感触。我确实从小生活安逸，家庭和睦，身边的朋友也都对我很好。但我就特别喜欢这种恐怖故事，就像您说的，因为我生活中根本没有这种挑战。但是胆小如我，在生活中我又特别地安于稳定平凡。所以特别喜欢读书也是这个原因，带我体验不一样的生活。

关于纳博科夫的这番话，我总联想到历史上那些伟大的科学家。例如牛顿、伽利略、哥白尼、爱因斯坦，一开始他们都是科学的维护者，可是到了晚年，他们纷纷投入神学的怀抱，成为宗教的捍卫者。这个是很奇妙的问题呢。

J：说得真好！认同，尽管宗教是另一个话题。除此之外，幻想和幻象，还可能帮助我们上升到另一个思维高度，顺便扩展了我们自身的存在、扩充了真实世界的背景和前景。不是吗？

就这部小说，"神界"我们似乎看到了，那么作者／人物的心灵世界怎样？

安琪：按照物理学家的分类，我们现在还处于一级智能生物层次，还未能突破太阳系到二级呢，所以谁说神学不会是另一种科学呢？

J：对对对，上次聊到的《时间的秩序》里有类似的说法。先回到与你论文相关的话题——女性，还记得《弗兰肯斯坦》小说里有哪些女性形象？她们共同的特点是什么？

安琪：她的心灵世界？也许和我们人类大差不差呢，像希腊神话中人和神的行径一样，只是能力不同罢了。

《弗兰肯斯坦》中的女性记忆，最深的就是弗兰肯斯坦的母亲和他的妻子伊丽莎白。对于他母亲最深的印象，就是她将伊丽莎白作为"生日礼物"送给弗兰肯斯坦。这种女性物化女性的行为让我觉得她是男权社会的帮凶。不禁让我联想到当代社会也有很多女性，在女性整体争取平等时，却内部自我倾轧。这就是女人何苦为难女人。

J：这一点，用人性似乎是合理的解释。其他女性呢？比如弗兰肯斯坦没出面的姐姐，知书达理；阿拉伯人的女儿莎菲，对爱情忠贞不渝；贾斯汀，忠诚无比的仆人，"出色的天性和无可挑剔的人品"；伊丽莎白：漂亮得像天使；他的母亲，善良得像天使。

还有个最重要的？

安琪：关于您列举的这些女性角色，她们看起来都太完美了。让我想到希区柯克，女主角永远美好天真可爱，却不免成为男主角的附属。还有个是谁呀？想不起来了，您给个提醒。

J：还有个特殊的存在！没有名字，不完整，没成型，被扼杀、被剥夺了存在的资格。

安琪：女性怪物，那您是暗示女性还没出生就被剥夺了生存的权力？

J：她本是为了满足男性的期待和需要，被视为附属品而造的，同时还差点被赋予一种拯救世界、救赎人性的使命感。原文中有这样一句话："我按照你的要求给了你一个女人，你就得遵从你那庄重的誓言，带着她永远离开欧洲，离开靠近人类的一切地方。"

我觉得要谈女性，她才是重点。他的母亲或许也只是个文学角色而已。

安琪：嗯嗯，女性拯救世界拯救人类。说到这我突然想到一种说法，说是每到重大历史节点，都是女性力挽狂澜，如20世纪80年代的铁娘子撒切尔夫人、金融危机时的希拉里，还有现在的林郑月娥等。

J：力挽狂澜的不一定纯粹靠女性！但凡历史事件，因果关系太复杂啊！回到200年前的文本，玛丽·雪莱的这一设计，是对女性的不信任，还是对爱情、男性，或是科学技术的怀疑和不信任，又或者作家对自己的不信任？我不太了解后来的哥特小说，女性角色有没有被赋予更大的责任。

你提过霍妮的womb envy（子宫嫉妒）对吧？不过弗兰肯斯坦原本是想寄希望于这个女怪物，期待她承担重大责任的啊！

安琪：您问的真好！我猜想可能是对他自己的不信任？那就是对人性的不信任吧。没有达到能够将人类生存交付于一个全新物种的恐惧吧。

J：同意，刚好引入另一个与女性有关的话题：女作家，选用第一人称讲故事，默认的是男性视角；主要人物弗兰肯斯坦创造出一个巨大的怪物，同样默认为男性。为什么？

安琪：如果这样想，玛丽·雪莱在写作过程中也是不自觉地陷入男性视角，不过同样是第一人称，简·奥斯汀就完完全全的小女生的视角。难道玛丽潜意识里默认男性视角写科幻会更客观公正？那我这样想算不算一种偏见呢？您这个问题让我现在特别想读女性视角下的客观冷静的小说。

J：反应好快！男性是社会环境中理所当然的主角，这会否客观地形成对女性的漠视？如果是这样，外表丑陋，内心孤独，残忍，报复心强等（贪欲？），也是默认的男性的本质吗？上帝造的人是美丽可爱的，模仿的是他自己的样子，那么，弗兰肯斯坦是按自己（男性，人类）的样子或心灵造的？还有玛丽？毕竟，怪物的所有习得，都来自人类：孤独，希望，爱情，友情，愤怒，绝望，报复。也还有对太阳月亮森林大自然的感恩之心……

安琪：关于这个不能更赞同！所以说怪物和我们的情感是共通的。也许我们和神明的情感亦如是，只是生活的维度不一样罢了。蒋勋说过一句话我觉得特别对："除了真诚的爱，我什么都留不下来。"我承认我有被这句触动到。

关于女性话题的想法，我觉得您说的这个太妙了！"刚好引入另一个与女性有关的话题：女作家，选用第一人称讲故事，默认的是男性视角。主要人物弗兰肯斯坦创造出一个巨大的怪物，同样默认为男性。为什么？"太值得思考

J：所以，这一生，大胆爱一切不太丑陋的东西（不包括文本里的怪物）。不，我应该说：也包括文本里的怪物，因为这是下一个话题。

弗兰肯斯坦到底属于什么样的人物？狂热，聪明，坚韧，刻苦，渊博的知识和快捷颖悟的理解力……我觉得，他的焦虑是因为忽略了本可以解决他困难的力量……

安琪：我认为焦虑就是现有的和未来想达成的这二者之间的落差。我觉得弗兰肯斯坦的落差就出现在怪物的丑陋、黏人（情感索取）和渴望自由上。弗兰肯斯坦对于怪物而言，就像上帝对于人类，是 godlike（庄严的）的角色。上帝创造了人类，自以为可以有十全的把握，最终却没有办法完全控制。弗兰肯斯坦也是一样。

我只能说弗兰肯斯坦做了和上帝一样的行为，杀掉怪物（洪水淹死人类）。但是这显然不是最佳解决方法。这一问题我倒是觉得斯皮尔伯格在《侏罗纪公园》里给了答案：最好的解决方法就是不创造无法控制的生命。（但是自大的他们不会信这个邪）

J：有道理，但有分歧。我认为他缺的是一种爱的力量，或者说对爱的力量的认知。文本事实是，怪物已经生成。要做的是如何面对？

安琪：嗯嗯，所以您觉得如果怪物在弗兰肯斯坦的爱中滋养成长，他可能不会变"坏"？那这种就是家庭关系了。可如果社会上的人认定他是个丑陋的怪物，像卡西莫多一样，他会变坏吗？

J：不好说会不会变坏，因为只有上帝是完美的。他从一开始就痛恨丑陋，愤然于怪物的报复性行为，却从来没有反身自问：自己的问题出在哪里？

他"担心以全人类为代价"，其实问题并不难。承担责任，给予自己的创造物以足够的关心和爱！毕竟，丑陋的只是外表啊！怪物说过这样一段话："我满怀善意，也很驯服，可厄运却把我变成了魔鬼。只要你让我高兴，我是可以重新讲究道德的。"让我想到了小王子，为什么不是狐狸和小王子的故事结局？

安琪：哈哈哈，好的！您这番话又让我想起我们年初讨论的《寄生虫》。这算不算道德上马太效应呢？就像管仲说的仓廪实而知礼节，衣食足而知荣辱。

J：是啊！作者似乎没告诉我们他一开始就痛恨怪物的理由。

为什么不像上帝一样公平地爱他的子民，仅仅因为颜值？

所以，即使造出来的是女性，结果也一样。因为人类需要的不仅仅是"食物和休息，而是更宝贵的东西：关爱与同情"。弗兰肯斯坦直到最后也没有意识到自己的问题。他本想给自己建立一个世界（如果不是天堂的话），但最终建起的却是地狱。

还有，结尾时说："我在激烈的疯狂中制造了一个有理性的动物，因此有义务保证他幸福和愉快——只要我力所能及，那是我的责任。可我还有个更高的责任：对人类负责。这要求我注意更多的问题，因为它包含了多得多的人的欢乐和痛苦。"这里弗兰肯斯坦似乎是在寻找答案解决问题，但我没有看到逻辑、因果关系。明明前因在，却只谈后果。

安琪：我也想不明白这个问题。他自己也不是一个在缺爱环境中成长的孩子。为什么会这么冷漠呢？我也觉得在爱中长大的孩子一般还是很有同情心的。

J：时间太晚了！我们把怪物先屏蔽了，再找时间聊？结束前回到最初的问题：其实我的生活（家庭、个人）可以说是无可挑剔的，幸运也幸福。也许是天性太敏感，还有文学的推波助澜，我所说的沮丧，大多数时候也确实就是一般人眼里的"矫情"而已。

安琪：好的！我们下次再聊！关于您说的"矫情"，敏感是保持温柔的天赋，越是善良的人越容易被邪恶伤害，越是细腻的人越容易被悲伤席卷。我觉得这种天分与纯真是非常可贵的。好比很多天才都在幼年时被人们的不解与讥讽伤害，因为大多数的人没有意识到有比物质更强大的力量存在左右着我们的生活。您的天分很重要！别为了别人的看法遗弃它！

友情提醒：如果你不够胆大，一人独处或在晚上，不要翻看小说《弗兰肯斯坦》，更不要在雨夜里望向有微光的窗帘。不过，这篇聊天记录算是稀释了一点点恐惧。

字里行间（二）

按语：针对文学史上第一部科幻小说《弗兰肯斯坦》（1818），我们的闲聊在继续，话题主要以弗兰肯斯坦造出来的那个巨型怪物为主。是的，玛丽·雪莱中的雪莱，就是那个高声喊过"冬天已经来了，春天还会远吗"的浪漫主义诗人雪莱，玛丽是他的第二任妻子。

时间：2020年8月16日周一晚10点

主题：《弗兰肯斯坦》（2）

J：关于昨天的话题，有没有要补充的？

安琪：又翻看了一下，暂时是没有了。

J：昨晚你问在这本小说里是不是女性作者陷入男性视角，这里问个为什么很重要。

安琪：我觉得女性作家也会拘泥于历史社会环境因素，不自觉地陷入刻板印象，觉得男性代表着理性和客观，女性代表感性。

J：不全是吧！以性别来规整感性理性也陷进我们不喜欢的模式里去了。不过，这一视角外加作者的猎奇求新，还说明另一个问题：不管人们怎样提倡男女平等，基本上还是女性向男性的规则、标准靠拢。所谓的女性独立，也往往是以男性的标准、原则为参照，而非相反。这样的问题似乎至今没有解决。

安琪：哇！这个角度好妙！

J：好像不得不承认，这世界一直或更趋向男性中心。

或者说弱势趋向于强势。比如中国神话故事里的奔赴、投靠主题：孟姜女哭长城，嫦娥奔月……所以，这样的问题，应该复杂到无解。是不是太悲观？

安琪：是的，就像您说的，提倡所谓的男女平等，那这份平等的规则也是沿袭至今的，其实还是父权社会的遗留物。

也不算太悲观。我前几年有段时间算是比较激进的女权主义者，跟爸妈在家讨论起性别不平等还会伤心落泪。我爸当时跟我说了一番话我醒悟了。他说这个社会本身就是慕强的，你没有办法改变规则就要在规则中将自己变强。男女确实不平等，可即使是男性中也存在更多的不平等，权力、身份、地位，等等。所以作为女性，只有自己变得更好，只要足够强，就能减少不公平。我觉得有道理。

J：你爸爸说得太对了！这个道理，也适合任意一个社会群体。我们来聊聊主要人物，弗兰肯斯坦造出的那个怪物，你印象中他的形象是什么样子？

安琪：好的，我们继续聊怪物。外形上玛丽已经描写了许多他如何如何丑陋，但是情感上他也是个实实在在的人，也会看着月亮发呆，对着河水流泪，也会想要爱。但我想问他的能力——破坏力。如果他只是个手无缚鸡之力的怪物，是不是也没那么可怕了呢？

J：破坏力是个特别好的词！也算一种力量。这一点原本是我想讨论的另一点。即，一个人／东西丑到抽象的地步，会不会是一种力量？

昨天你提到《巴黎圣母院》里的卡西莫多，我阅读的过程也一直想到他。不过卡西莫多尽管丑，但他有来路，有职责，有人爱，受人关注，可以说他丑出了一种力量。所以文本中的怪物丑到一种抽象的程度，会不会也被赋予了一种力量，一种从精神上摧毁了他的创造者的力量呢？

不过，除此之外，怪物还有个更根本的问题。

安琪：有意思，精神摧毁。如果怪物的丑陋是他超能力，难怪他可以和弗兰肯斯坦讲条件要公平。

J：是的，他始终没有名字，不知道自己是谁，从哪里来，到哪里去，这是三大哲学的终极问题，所以，他是带着身份意识、在替人类寻找意义和价值吗？我似乎一直在赋予怪物以正能量。是不是也有点"怪"？

安琪：不怪，这样才能见怪不怪。关于没有名字这个问题，我也是觉得好奇怪，写论文时也只能一直用monster/ creature（怪物／生物）来形容他。这本书明明是在讲怪物，名字却叫《弗兰肯斯坦》。我觉得其实他们俩是同质异构罢了。

J：所以，你把上帝和他的创造物放在一个平台上了？

安琪：怎么说呢，我觉得上帝和人类，弗兰肯斯坦和怪物，父母和孩子这几种关系之间，作为造物主需要有一种觉悟：即创造出生命后就要尊重生命，不要试图掌控一切。

J：认可！我们继续给他找点正能量？哲学研究的终极目标无非就是个人与社会及所处的世界的关系。而怪物只想要认识自己、社会、世界，渴望温情，想要陪伴，被理解，想要爱，这是他走向社会和世界的基本欲求。所以，他的需要能否抬高到哲学意义上的"重建"？身份的、价值的、意义的重建？以人类的生命形式。

所以，我们似乎不自觉地一起站在怪物的一边了。

安琪：关于您说的这个哲学终极问题，我觉得非常可以！其实像您说的，许多人都在试图搞清楚自己与他人和社会的关系。但是我觉得怪物的基本需求才是最重要的，那就是人和自己的对话。不能完完全全地接纳自己，怎么会坦然地拥抱这个世界呢？

J：所以，如果我们讨论他的死亡，为他的死寻找一种崇高感（艺术魅力和精神价值），就不那么过分了，对吧？我可不是怪物派来的怪物啊！

安琪：死亡历来都值得被歌颂。

J：喜欢这句！太棒了！

安琪：哈哈哈，我们可能是圣母心？对弱者有同情心也不好说。

J：哈哈，你这就拉低了我们！本来是有哲学高度的一句话。

安琪：哈哈哈哈……

J：怪物自我谴责，痛苦、后悔不已，承认是自己害死了他的创造者。弗兰肯斯坦死后，他似乎失去存在的意义了！（不过，他死得很悲壮！）

一般来说，人存在的意义是由回忆、自我意识、爱所决定的（我记得是这样），而他拥有的只有自由，且是莫里森所谓的"危险的自由"，也即自由地去伤（杀）害别人，还有自己。

所以，悲壮有点大，但靠近。

安琪：嗯嗯，像您说的，弗兰肯斯坦死后怪物好像失去生存的意义了。我也是因为这一点觉得他们俩同质异构，有点惺惺相惜的味道了。二人最后阶段的目标好像就是斗个你死我活，真正实现的那一刻反而感觉空落落的。

悲壮我觉得很对！就是那种"来生来世再与你为敌吧"的那种不舍。

J：最后一句我喜欢！意义模糊出一定的意义来了！话题太严肃了，加点轻松的？说到丑陋，你是颜控吗？

安琪：哈哈哈，我不颜控，喜欢脑子里有东西的人。但是我自己爱美，哈哈，人谁不爱美呢？

怎么说呢，其实以前上大学也喜欢漂亮的朋友，但是有的女生只是单纯的漂亮，聊下去就会觉得无趣。所以觉得人长久相处还是看内涵！我爱美的意思是，我爱臭美。

J：接受并认可。

鉴于时间问题，我们言归正传。如果给这个小说冠以"……主义"，你会加什么？

安琪：我觉得还是浪漫主义或者超现实主义吧？

J：没错。还有没有？

安琪：自然主义和王尔德的唯美主义应该也可以？

J：自然主义？当然，本来也属于现实主义一个分支，是那个时代小说的特征之一。

安琪：玛丽在浪漫主义的夸张上又描写了很多琐碎的冰川河流的细节，也算是很单纯地在描摹自然。我每次看到这些景致，都会想是不是她和雪莱在流浪路上的所见所闻。那这个算魔幻现实主义吗？

J：浪漫主义没错！属于个人感受的抒发和体验，重主观轻客观。太多大自然的描写和歌颂，有浓重的感伤主义特点——突出地强调感觉和感情，着力描写个人内心的感受，写生、死、黑夜、孤独。书信是其风格之一……不过我不觉得它是魔幻现实主义，属于现代派文学流派，以魔幻的形式反映现实，与科幻不太一样。

安琪：嗯嗯，确实是，身为读者很难不被这种感伤主义影响到。

J：还有点古典主义，强调人的行为受理智和意志支配，谴责非理性行为。写法上还有个特点：很扎实地一点点推进，一般会是把事情写到极端、极致，比如爱、恨之类。而且这类东西，无法用文字概括，需要一点点读，才能一步步体会到。想起了像《呼啸山庄》里的爱情，极端到了灵魂深处。

安琪：明白了！您这样一说我立马就懂了，确实《呼啸山庄》就像您说的"扎实地一点点推进"，和《弗兰肯斯坦》的感觉完全不一样。

J：你觉得里面有反讽没？（情景的、戏剧和语言的反讽）比如叙事者对弗兰肯斯坦表达极大的敬重和赞美。

不过感觉我们不能再这样讨论下去了，人家好好的一个恐怖故事，不仅被我们撕碎了，还被我们嚼碎吃掉了！

安琪：我觉得有反讽！我甚至觉得她把书命名为《弗兰肯斯坦》就是暗示他和怪物是共生关系。哈哈，这样撕碎嚼碎，也就没那么可怕啦！

J：要不，我们还是善终一下，针对这本小说，如果给"总之"后面加几句话，你更愿意写什么呢？

我的直觉：1. 这是个恐怖故事，但用的是现实的法则，所以才感觉到了真实。2. 有时候，荒诞更接近悲剧！

安琪：哈哈，有卡夫卡的味道了。

J：距离卡夫卡，还差捷克到中国的距离……

安琪：如果是我，我更愿意写爱，还是觉得爱是特别伟大的力量。因为人生中许多时刻都会让我发出感叹：我真的是好幸运好幸福。我们家给了我无尽的爱，家人们都爱我都支持我。家是我活着和奋斗的全部动力，是我力量的源泉。我甚至觉得我不谈恋爱很大一部分原因就是家给了我百分百的爱与安全感，我根本不需要从外界来获取。所以我根本无法体会，也不可能感同身受怪物的遭遇。如果像他那样我可能早就崩溃了。就像您说的，如果弗兰肯斯坦意识到他的一点点爱就可以感化怪物，给他一个完全不一样的世界体验感，一切会不会不一样？

J：既然聊到"爱"，记得有人说过，九流的作家和最高级的作家才写爱情。前者画饼，填补生活中的空缺，帮你圆梦，麻醉你。后者孜孜不倦地要找到爱情的真实面目，揭开面纱，告诉你本质性的东西，要你清醒。

安琪：您说的后者我脑袋中就只有一人——亦舒，看她的小说真的是像打清醒剂一样。

J：女孩子们都应该读读亦舒。不只是她的小说，还有她的随笔散文。

安琪：是的！

J：早点休息吧，以后碰到好书，再找时间细聊。

《追忆逝水年华》随想

阿兰·德波顿曾把写书的人分为两类：一类搞不懂为什么自己的大作地球人竟然没有人手一册；另一类则不敢相信自己的好运，搞不懂竟然有人肯巴巴地花钱买他的书而且认真读过。普鲁斯特显然属于后者，他曾把自己的作品形容为"一块让人无法消受的牛皮糖"。连他的女仆也说过，"别对普鲁斯特的小说太起劲，他的小说可不是供火车上消磨时间的"；他做医生的弟弟更过分，说："要想读《追忆逝水年华》，先得大病一场，或是把腿摔折，要不哪来那么多时间？"历时两个月零25天，用时94小时36分钟，我在家腿脚齐全地读完了这本字数227万、涉及人物2000多的鸿篇巨制，且乐在其中。

暂且记录一下个人化的阅读过程，作品中的诸多主题留作以后慢慢聊。本来想着去"啃"，后来很快变成了"读"，再后来就是在"悦"读了。读完最后一句，仿佛和陪伴了几个月的好友道别。不舍，是真的；说再见时知道不会再见，也是真的。

阅读的过程中最直观的感觉，好似寄居在作者的大脑里，翻看着他的每一个脑回路，见证着他思想产生的缘由、过程、内容、形式和结果；或深或浅，或大或小，或急或缓，或喜或悲。急于逃出来，又有点不舍得。

有时候，还不得不停下来，就是为了想象普鲁斯特究竟是什么样的人，怎么可以如此这般地琢磨这个复杂粗糙的世界和社会！

他讲故事，用的是第一人称叙事，但却是上帝视角。除了全然打开的五官，他脑后似乎还多了根天线，随时随地都在搜集各种讯息信号，然后迅速将其融合、归类、分析，再融合、再归类、再分析，最终用多出原信息百倍的体量，写就一场场无声的大戏。全书内容不仅关涉文学、绘画、建筑、音乐、宗教、习俗、历史、政治、军事、语言、文体、自然景观、城市风貌，还把共情、友情、亲情、爱情、私情，及其酸甜苦辣咸的味道，以猜想、联想、幻想、梦想的方式搅拌在一起，全都抖落成文字，直到再也倒不出任何有价值的东西！

的确，一个连火车时刻表都喜欢读的作家，还有什么人、事、物、情、理不在他的琢磨范围内！贵族阶层的种种势利、傲慢、虚矫、冷漠无情、暴戾乖张，男男女女的欲望、嫉妒、猜疑、羞耻、愿望、期待、承诺、撒谎、慰藉、困惑、犹豫、恐惧、同情……凡此种种都被他在翻来覆去的细察之后，说现象，说本质，说缘由，说过程，说方式，说流程，说结果，说可能性……直到把诸多无常的意识绘成画，谱成曲，酿成酒，做成美食，让读者可以毫无顾忌地体悟、品评。想象力！想象力这个词，在普鲁斯特这里，终于被发挥到了天花板！

他感叹道："人类的目光享有多么美妙的独立性啊！它由一根松散的、长长的、有弹性的绳子系在人的脸上，因而它能远离人的面孔独自去扫视！"的确，阅读的过程，还有种摆脱不了的被智慧之眼凝视的惶恐。总觉得自己就像文本中的人物一样，被作者无情地透析、拆穿。任何场景下的任何一种漠然、伪装、做作、隐瞒、故意、辩护、说谎、掩盖、夸张，都不过是在作者的眼皮下、手掌心里蹦跶；你的居心叵测只不过是他眼里的欲盖弥彰。而最直接的教训是：做人，务必真实，得做那个真正的自己，才不至于活成小丑。

有没有见过维尔迪兰夫人这样的假笑？"……发出一声尖叫，把她那双已经开始蒙上一层白内障的小鸟似的眼睛紧闭，突然用双手将脸捂上，严密得什么也看不见，仿佛面前出现了什么猥亵的场面或者是要闪避一个致命的打击似的；她装出正在竭力憋着不笑出来，简直像是如果笑将起来，就会笑得昏死过去似的。"事实上，这种一针见血、一剑封喉式的戳穿虚伪、做作的描述，在文本里俯拾皆是，所以才有阅读过程中看热闹时的偷笑和痛快淋漓。

再读读他对盖尔芒特家族身体柔韧性特点的描述："一个男性盖尔芒特向一位女士致敬时，他的身影是一系列不对称的和神经补偿性的动作失去平衡的产物，一条腿拖着步子，这也许是故意的，或者因为在打猎时经常摔跤的缘故，为了使这条腿跟上另一条腿，他让躯干微微偏斜，让一个肩膀稍稍抬高，与躯干的偏斜形成平衡,致敬时,把单片眼镜架到眼睛上,使得那只眼睛上方的眉毛耸起来,让那绺头发落到额头上……"这种明察秋毫,会让人读来不自觉地变得警觉,开始想象身边有这样一个人是不是太可怕?你言谈举止中一些无从辨认的蛛丝马迹,都可能被聪明人放在几万倍的显微镜下观察,活得像被剥了皮的水果一样?

  不过,真正打动我的,不是上流社会的那些索然无味、世俗偏见和平庸社交,也不是乡村生活的孤寂无聊,而是那些充满动感的思想,以及负载着这些思想的表述方式和深度(不得不说,部分章节的翻译太像机译,猜想大概是几个大咖译者后面的"等"的杰作吧)。人性的复杂,历史的厚重和弹性,贵族阶层的放纵和虚伪,尤其是作者的智慧和想象力等,都是无法中途放弃阅读的缘由。

大作家的小心思

——读普鲁斯特的《我和书的奇异约会》

这是一本读起来热热闹闹的书。

如果你没有耐心读完普鲁斯特长达 227 万字的《追忆逝水年华》，那就偷窥一下这场"他和书的奇异约会"，见识他别样的兴致、习惯、脾性，还有他和文字、文友以及自己相处时的各种萌态，简直可爱到想要隔着时空跟他握手套近乎。

本书中最有趣的部分，当属他对几位至爱至恨的同行们的评价，小心思从澎湃着的情绪里渗出来，又甜又酸。

英国作家、美术评论家约翰·罗斯金在普鲁斯特笔下，可以用"完美"以蔽之。"他生活中的重大事件均属于智力的范畴，那些重要的时间坐标就是他洞察了某种新的艺术形式的时候"；"他的阅历如此丰富，在一部作品中所展示的精深学识，在别的作品中，即使有合理的机会，也不会再次利用，甚至提也不提，稍作暗示都没有"；"只要浏览一下罗斯金著作中的索引，就能看出他总是在引用新的作品，甚至有些只用过一次的知识，他也会轻易地舍弃，永不再用"……是啊！如此智慧和博学的罗斯金，既然拥有几座知识的金山，谁会愿意再去浪里淘沙？罗斯金不仅知识是新的，书中的引文是新的，（因而）思想是新的，连他犯的错误也闪着智慧之光；他的谎言里都藏着"美和神秘"。请听："若我们假设，作为批评家的罗斯金偶尔会对一部作品的价值判断错误，但就这错误的判断中所包含的美，也往往超出作品本身的美，它对应了某种异质却同样珍贵的东西。"这番饱满的夸张，好像罗斯金如果不小心摔倒，没准也能摔出芭蕾的高雅？

普鲁斯特对罗斯金的喜欢，达到了信仰的程度，因而不管他对他的赞赏多么高调、任性，你只是觉得作者的真诚和用心，却丝毫读不出他的谄媚和浮夸。不管怎样，刚读完本书第一章，我就被作者的文字成功蛊惑，心悦诚服地把罗斯金的作品悄悄放进自己的阅读名单里。

当然，普鲁斯特也不是一味地夸赞人，他对 19 世纪将传记方式引入文学批评的第一人、批评家圣伯夫的评论，可以用"体无完肤"来形容。不管是圣伯夫的文品还是人品，在他看来都不值一提。"在长达十年的时间里，他所有的灵感，原本是可以为朋友、为他自己、为长久酝酿而实际根本不可能写出来的书所慢慢运用的，都以每周一次的方式源源不断地写出来，散播到全世界了。"他鄙视圣伯夫"既有逢迎权势的倾向，又同时看轻权势；既有世俗保守的态度，又有自由以及自由思想的追求"。他嘲笑圣伯夫不够专注，荒废了不少时间，随即再补一刀"尽管这段时间内也写不出什么惊世之作";他说圣伯夫敏感多疑、反复无常,翻脸像翻书一样。"刚才爱得不行,马上就恨得牙痒痒";说他只看重当前的利益,对政治感兴趣,同时还无比世故。情急处作者更是幸灾乐祸,说圣伯夫"失去了谎言的依傍,他的全部优势也分崩离析;一个长期酗酒的人却只能喝牛奶,他的虚张声势的劲儿没了,浑身的蛮力也跟着消失了"。

有时候,普鲁斯特连讽刺、隐喻之类的修辞也懒得用,直接开骂,说圣伯夫"所天然拥有的、深入骨髓的东西,几乎只有笨拙而已。这笨拙反复出现,仿佛一副天然的嗓音",连"老混蛋""臭不要脸的"都派上了用场。透过作者这些刻薄激愤的文字,差点就听到他的咬牙切齿,看到他鄙夷不屑地翻白眼了。

普鲁斯特对圣伯夫的冷嘲热讽,不遗余力到了"恨"屋及乌。对于圣伯夫的好友波德莱尔这位19世纪最伟大的诗人,普鲁斯特都没舍得全程点赞,而是一边念叨圣伯夫对于波德莱尔《恶之花》这样的杰作,"竟挤不出一个赞美的字来",一边也没放过后者对圣伯夫的卑躬屈膝,说当波德莱尔匿名褒扬了圣伯夫的文章而对方却满不在乎后,竟"干脆写信告诉对方,文章出自他的手笔"。真不知波德莱尔看到这朵"恶之花",会作何感想?

当然,普鲁斯特似乎也不敢无视波德莱尔的伟大,对他的"老妇"就赞誉有加,热烈得让人想暂时放下本书,先把波德莱尔的文字一网打尽:"他为所有的痛苦与甜蜜都寻求到独一无二的语言,别处寻求不到,唯有他的精神世界里才有的语言";"每隔三四行就有一个名句出现,且不是典型的波德莱尔式的诗句,和周围那些也许更明显属于波德莱尔风格的诗句两相对比你都不知道它是从哪儿冒出来的";而且他的诗的结尾,常常戛然而止的,"仿佛折翼的飞鸟,好似作者前一句还在海阔凭鱼跃、天高任鸟飞,跟着马上就不来劲了,飞不动了"……对比普鲁斯特对圣伯夫的奚落,想象不出他对波德莱尔的这番赞颂需要付出多少慷慨!

普鲁斯特对世界文学史上重量级的小说家巴尔扎克的评述,有褒有贬,且纠结成愁。他评论说巴"把人生当作了一部小说,并以写作的精神来经营人生",并送他一个"庸俗"的称谓,但却在评述巴的小说时,谨慎得可怜兮兮,在每一个"尽管"后面,都跟着"但是";每一次"虽然"之后,都有"不过"之类的缓冲,不仅给自己留了足够的余地,还把读者一把推进"虽然"和"但是"之间,纠结着他的纠结。请看:

"这种半吊子的现实主义,对生活来说过于玄虚,对文学来说又太过乏味,但它却让我们从巴尔扎克的书中感受到生活的趣味";"尽管巴尔扎克笔下有着各式各样的人物,每个人物又各有其鲜明的特点,但人物形象雷同的情况仍时有发生。比如说,人物的数量固然比人物的类型多,但我们同时又发现这个和那个人物实际就是同一类型的人物,只是换了个名字而已"。"尽管它作为小说的趣味性已消失殆尽,但它作为历史文献的价值才刚刚开始体现"。

又如"在巴尔扎克'四联剧'第一部的最后一幕,每一句话、每一个事件都埋有伏笔,但巴尔扎克没有给予读者任何提示。这种埋伏笔的写法源于一项专门的心理研究"……

请注意下面这些话,一不小心,你会陷入尴尬:

"他所有的庸俗性,人们都是知道的,一开始还有点抗拒,后来才慢慢地喜欢他、爱他了……但这爱中也带有一点讥讽的意味;我们了解他的乖戾,知道他种种的小伎俩,但这些都是巴尔扎克身上最鲜明的特点,我们无法不爱屋及乌。"

"有时候,他把五花八门的反思、感想都塞进了文章里,又由于他自身的庸俗,这些反思、感想基本都属于老生常谈的类型,它们硬生生地、莫名其妙地出现在句子中间,反而有了些喜剧的色彩。"说巴的小说"贴近生活、反映现实,我们读到他的小说,不仅感受到日常事件中的文学价值,也不免怀疑这些事件是否太过于偶然。但他的作品要体现的正是这偶然性的规律"。还说巴尔扎克"在某些方面是很粗糙的作家,人们大概以为他不会细致地将人物的语言客观化,或者即使客观化了,也未能时时注意个性化。但情况恰恰相反"。……

每当你心安理得地跟着作者开始大胆嫌弃巴尔扎克时,他却冷不及防地补充一句肯定的话,让你在不知不觉间上了当,尴尬不已,不敢、不易、也没有资格做出权衡判断,搞不清这是普鲁斯特的不自信,还是巴尔扎克的皇冠之上本身就落着一层灰?抑或普鲁斯特只是为了跟圣伯夫唱反调,对方反对的他一路点赞;对方认可的,他痛批不已?

有时候,普鲁斯特连巴尔扎克的粉丝都不放过。比如喜欢巴尔扎克的德·盖尔芒特伯爵就被普鲁斯特奚落得一塌糊涂。说伯爵先生虚伪做作，尽管上了年纪，却不怕麻烦地穿上晚礼服，规规矩矩地在不大舒服的椅子上坐一个晚上。伯爵和贵族们的谈话"进行得很缓慢，声音也压得很低。只有在谈到亲族关系的时候，伯爵才会兴奋起来"；伯爵本人的文字，"从来都是词不达意的，经常把词汇生拉活扯地随意拼凑"。很遗憾我没有读过这位伯爵的文字，但很想知道除了罗斯金，谁的文字又入得了作者的法眼？

普鲁斯特说过："作家与艺术家一样，其至高的才华无非是为我们撩开丑陋与卑微的一角，让我们在宇宙面前显得无动于衷。"在本书里，他正是用自己的"至高才华"，为我们捧出他似水流年里的一个个小溪流、小浪花。但对于他的小心思，我们却无法无动于衷。自然，伟大如普鲁斯特，有资格有权利评说任何一位他看着不顺眼的同行，但我还是忍不住不怀好意地想：有没有同代人或后来者用他的方式，对着他的做派和作品评头品足，就像有人说他那么长的《追忆逝水年华》也就适合监狱里的人看一样，从而也为100多年后的我们撩开他一角可爱的"丑陋与卑微"，如果不是"宇宙"的话？

马尔克斯的百年孤独

翻开《百年孤独》,仿若拉开一大帐幕,在纵深的历史舞台上,男女老少悉数登场,魔幻般地生着,活着,死着,哭着,笑着,爱着,恨着,狂欢着,孤寂着,认真地扮演着各自的角色,诠释着生命的全过程:生生死死,死死生生,生即是死,死即是生……可悲的是,我们却需要相信,这既是人类的悲剧,也是人类的希望。

小说开始,外面的世界似微风细雨般,一点点渗透、冲击着孤独的小镇马孔多。接下来,在历史变迁、时代更迭的大背景下,政客熙熙攘攘,为利来往;男人似海浪欢腾,为欲望买账;女人投一双冷眼,用身体换取生存;孩子们则默默无语,为成人的狂欢买单。风风雨雨一百年,始终有一个词如同天幕,笼罩着马孔多的每个角落(其实也笼罩着整个人类自身),那就是——孤独。

战火中,男人驰骋疆场;市井里,女人盘桓于屋檐。不管是血肉横飞的刑场,还是云雨姗姗的吊床,有人用孤独来抵抗孤独

（阿玛兰妲），有人用生活的糜烂来修补孤独（何塞·阿尔卡蒂奥第二），有人用回忆来驱赶孤独（乌尔苏拉），有人用荒唐稀释孤独（第四代梅梅）……马尔克斯写战争而不论正义邪恶，写情爱而不谈真情，写伦理而不谈道德，但却始终让"孤独"在线，且随时冷不防地冒出来，挑逗着读者的情绪，让你开始相信孤独其实随侍在侧，离自己一点儿也不远。

不得不承认，当我读完最后一个文字，心里竟从此多了一个近似故乡的地方——马孔多，那里住着一代代熟悉的陌生人，他们为死而生，为生而死，孤独既是宿命，又拧巴成生存的本真。正如面对这本小说，既心生向往又想着逃离，既热爱又嫌弃，既想铭记又想遗忘。万千琐碎的感叹，还得回归到主题词"孤独"（我更愿意翻译成"孤寂"）上面。

先来看看小说中"孤独"的模样：

马孔多人患上失眠进而失忆症后，反复、反复、反复地讲着的那个阉鸡的故事，把孤独当日子过。

吉卜赛智者梅尔基亚德斯"的确一度死去，但难以忍受孤独又重返人世"。作者第二次提及孤独，是对死亡的厌倦，不是生活，不是生活！

时间这台机器散架了，何塞花了六个小时观察各种事物，试图找出一分一毫与前一天的不同之处，期待发现某种变化能证明时间的流逝。然而，每天每天都一样！这是孤独的"始"还是"终"，"因"还是"果"？如果说不清，孤独岂止"百年"！

一个人的时候，何塞·阿尔卡蒂奥·布恩迪亚"梦见自己从床上起来，打开房门，走进另一间一模一样的房间，里面有同样铸铁床头的床、同样的藤椅和后墙上同样的救难圣母像"。走进另一间一模一样的房间，就如同走进时间，如此循环，无穷无尽。当生命只剩下了单面，该有多大的孤单。

布恩迪亚少校"那么憎恨军人，跟他们斗了那么久，琢磨了他们那么久，最终却变得和他们一样"。人世间没有任何理想值得以这样的沉沦作为代价。当人们发现，沧海桑田走过，千山万水之后，自己竟成了自己一直憎恨的人，这份绝望，会瞬间幻化为孤寂。

奥雷里亚诺"曾经大权独揽却在孤独中陷入迷途，开始失去方向"。不过这也还不算孤独。他后来"用小金鱼换来金币，随即把金币变成小金鱼，如此反复，卖得越多活计越辛苦，却只是为了维持一种不断加剧的恶性循环"。只是到了最后才明白，幸福晚年的秘诀，不过是与孤独签下不失尊严的协定罢了，哪里只是独处时的寂寥。

阿玛兰妲顽强地抗拒岁月流逝以及苦痛记忆的侵蚀，"仿佛在前额上刻着代表贞洁的灰烬十字……时间在她织绣寿衣的指缝间流逝"。在人们的印象中，她似乎白天织晚上拆，却不是为了借此击败孤独，恰恰相反，为的是持守孤独。

百岁的乌尔苏拉，晚年时活在无法穿透的孤独中。她给孤独释以厚度，获得了非凡的洞察力，第一次看清了过去因忙碌而忽略的真相：奥雷里亚诺·布恩迪亚上校的真正孤独，是缺乏爱的能力。

而这种爱的缺失,被马尔克斯后来那句著名的"我不怕死,我最怕不是为爱而死"做了诠释和补充。

百年的孤独,显然还不足以让作者释然,他还要雪上加霜,不失时机地来了句让人过目不忘的话:"不论在什么地方都要记住,过去都是假的,回忆没有归路,春天总是一去不返,最疯狂执着的爱情也终究是过眼云烟。"人类剩下的还有什么呢?

那么,孤独的渊薮在哪里?

是时间。当然是时间,该诅咒的时间!一想到时间的永恒无边,一切都瞬间变得孤寂无比。又有谁能抵得过时间?所以,作者说,计算年龄是一种恶习,你只需期望生活的静态时光和确定无疑的未来即可。"这个家族的历史不过是一系列无可改变的重复,若不是车轴在进程中必不可免地磨损,这旋转的车轮将永远滚动下去。"是的,我们还得承认,人是被时间遗留在这世上的枯枝败叶、水气沙尘。无论多少情,多少爱,多少代,多少人,都无法弥补时间留下的空缺,无法填补百年孤独的黑洞。而这一切,被有幸或不幸的作者领悟到了,并将这一过程渗透到一个想象的市镇马孔多7代人的生命故事里,演绎给读者听,论证给自己看。马尔克斯奋力避开一切束缚,徜徉在自己思想的海洋中,用超乎想象的稠密的细节,撑起百年生活,包纳心内心外,寻找彼岸或不问彼岸,是轻松或是艰难,期待或是回顾,希望或是绝望,享受或是痛苦,大概只有他自己知道。而我特别想知道的是,作者那17个月的创作过程,是怎样一天天地与孤独为伍,想象孤独、书写孤独、体验孤独、咀嚼孤独、折叠孤独的呢？

再来说说那些让人眼花缭乱的名字。刚开始时像多数读者一样，也很想知道想象力超凡的马尔克斯，怎么就不能好好给人物起一些好分辨、不重复的名字呢？！慢慢地才似乎明白，姓名这种称呼意义上的名号于他，根本无足轻重！因为连"世界好像在原地转圈"；又或许像英国18世纪诗人Keats的那句"声名水中书"的格调，既然一切物质的东西都将注定被时间之风吹散，哪有必要为这些符号大伤脑筋？毕竟，又有谁的名字和命运不是写在一张神秘的羊皮卷上，等待他人解读，如果他足够幸运的话。

小说结尾处，作者借人物之口感叹道："等到人类坐一等车厢而文学只能挤货运车厢的那一天，这个世界也就完蛋了。"可以告慰作者的是，半个世纪过去了，这个不喜不悲的世界还在，世上的孤独也还在，文学依然被无数的人带到"一等车厢"幸福安坐。因为，因为热爱文学的人，也还在凭借阅读抵抗着孤独，抵抗着时间。感谢马尔克斯！

泰戈尔的想象力

泰戈尔的《生如夏花》，是一部适合在冬天/阴天/雾霾天/焦虑烦闷的日子里阅读、咀嚼、回味的诗集，干净、柔软至极。

泰戈尔一定是那个来到这个世上就是来给这个世界说情话的人。读完这本诗集（尤其是前半部分），特别想知道，怎样的人，才能把对世界、对生命、对孩童的爱，用细腻的文字表达得如此有温度，有颜色，有味道，有质感！传说中的"心都化了"一定就是读过这些诗的感觉。

有时候，你会幻化成渴望母爱的孩童，有时候你又潜身于只知道付出爱的妈妈，在不知不觉中穿行在这两种角色里，被孩童的爱牵绊，又被母爱吸引。想要远游，却舍不得离开，也舍不得抵达，更舍不得放弃。只想赖在爱河里，静默沐浴，用心体会。

可爱的"我"耽于幻想：想要到河的对岸，想要栖息在树尖儿，想要掌舵这渡船，想航行于仙人世界里的7个大海和13条河道……但却从未能走远,因为还想着"要在黄昏时回来",要"躺在妈妈的臂弯里",要吃妈妈做的美食,要"听妈妈讲童话",也想住在妈妈"瞳仁里""身体里""灵魂里"……

天真的"我",还有着许多不大不小的梦想:总想着要长大,想要骑着红马闯天下;想让妈妈知道,"一群一群的花,是在地下的学校里上学。它们的家是在天上,在星星所住的地方";想成为"更夫,提了灯去追逐影子,整夜在街上走";想做"风,吹过你萧萧的枝枒";想做"你的影子,在水面上,随了日光而俱长";想做"一只鸟儿,栖息在你的最高枝上";想做"那两只鸭,在芦苇与阴影中间游来游去";还想给妈妈带回"秋天的雨点一般大的珍珠",田野里"金色的稻实","一朵一朵的金色花","值七个王国的首饰箱和珠宝";而他最想听妈妈说的话,是"如果没有我的孩子护送我,我简直不知道怎么办才好"的赞誉,而这样的祈望,你我都很熟悉。

调皮的"我",也有很多的弄不懂。想不通"假如十二点钟能够在黑夜里来到,为什么黑夜不能在十二点钟的时候来到呢?"想不通"爸爸为什么不能写巨人、神仙和公主的故事?"想不通"老是写了又写,有什么趣味呢?"想不通"爸爸耗费了那么一大堆纸时,妈妈似乎一点儿不在乎?可如果'我'只取了一张纸做船,你却要说:'孩子,你真讨厌!'"

如果说母爱在本诗集里是深沉的、厚重的、浓烈的,像海洋、像高山、像莫里森笔下的"阿拉斯加糖浆":"我们呢,自然地,在老年时，会有许多闲暇的时间，去计算那过去的日子，把我们手里永久丢失了的东西，在心里爱抚着"。那么，孩童的爱一定是柔软的，轻盈的，纯净的，像丝绸，像细雨，像云烟：

"假如我变了一朵金色花瓣，为了好玩，长在树的高枝上，笑嘻嘻地在空中摇摆，又在新叶上跳舞，妈妈，你会认识我吗？"

你要是叫道："孩子，你在哪里呀？"我暗暗地在那里匿笑，却一声儿不响。

我要悄悄地开放花瓣儿，看着你工作。

再来几句原文的：

I should fling my wee little shadow on to the page of your book, just where you were reading.

But would you guess that it was the tiny shadow of your little child?

看到爱的情态样貌了吗？闻到爱的甜蜜醇香了吗？感觉到爱的温度和光感了吧？！原来，爱的多棱体样貌，只有泰戈尔这样的大家才能表述得清。

泽塔勒的大雪将至

读奥地利作家罗伯特·泽塔勒《大雪将至》,第一次为虚构作品里一条卑微生命的离世湿了眼眶。本书对我的最大冲击,是力量!人格的,精神的,情感的,生命的……不禁感叹,朴素、平实的语言,也能裹卷住这么强大的精神力量,折射出普通生命的灿烂。

因为读了前言,大致了解主人公艾格尔的命运走向,所以一直带着预感,小心翼翼往前读,想象着,期盼着,惊恐着,不想错失任何一个细节,不敢多想最后的结果。

作为弃儿、流浪汉、伐木工、索道修理工、战时的士兵、战后的俘兵、登山向导的艾格尔,大半生都拉扯着一条残腿,摇摇晃晃在苍天和大地之间。生活就是他的生命,生存就是他的生活。

和所有人一样,他的一生里也有过梦想,"其中的一些是他自己实现的,有一些是命运赠予的,很多是从来都无法实现的,或者是刚刚得到,又被从手中掠夺走的"。但他一直活得堂堂正正,不卑不亢，仿佛只想用活着本身，实践生命的意义。

他从不抱怨命运，但也不愿逆来顺受。不想受虐待，他选择上了山；看不惯山谷被任意开发，他选择了参战；受不了屋外学校的嘈杂，会主动去说理……他一生都在靠自己的努力活着，尽管他的孤独如雪。

艾格尔79岁漫长的生命里，爱，稀薄得像雪山顶上的空气。爱情萌动时，他曾想过写点什么，但又认为，"那么一小张纸条怎么能装得下他那么多的想法和感受？"所以，他和同事一起，把爱写到了大山上，让山谷里的每一个人都能从远处看到。可惜命运作祟，他还没来得及享受爱情的甜蜜，玛丽在一次雪崩中被掩埋，留给他的是一生的记忆和遗憾。

六年战俘营生活快结束的一个冬夜，艾格尔曾就着月光，用垃圾里捡回来的一张纸，给妻子写了一封简短的信，字字滴血。天亮前他把这封信埋在土里，让大地给他做了记忆的保障。之后他唯一的情动时刻，是战争结束回到村子里从电视里看到的美女，只是他当时的感觉在作者笔下成了一种阴郁、寒冷的幻念。

艾格尔一生中讲得最流利顺畅的话，是他深藏了几十年的情话。离世前的一天早晨，他在大雾弥漫的山顶上，看见了妻子的影子，甚至还有她脖子后面那个月牙形的伤疤："这么久你去哪儿了？"他喊道，"我有好多话要向你讲！你都不会相信，玛丽！这整整的、漫长的一生啊！"大山和大雪，见证着他爱的深度和浓烈。

年老时的艾格尔，仍然用力量支撑着生命。有时他"一个人坐在桌前，透过窗子望向高山，云的影子在山上静静地飘过。然后他就开始笑了，一直笑到眼泪都流出来"。……看到此处，没忍住泪目，为生命的卑微却也柔韧，为生命的孤单但却倔强，为生命的悲催却也美好，为生命的有限却也无限……那一刻特别想抱抱这位可爱可敬可怜的老人，想跟他说说话，想带他出去晒晒太阳——春天里那种柔和、饱满、温暖的阳光。像他这样热爱生命的人，值得被爱！

艾格尔还热烈地、乐观地热爱着大自然，并从中领略到生命的真谛。"他常常走过自己小屋子前被晨露湿润的草地，躺到疏疏落落散在草地的平石中的一块上面，背上感受着凉爽的石头，脸上洒着一束束温暖的阳光。每当这时候，他心里感到，很多事情根本没那么糟糕。"作者用"在羊角汉斯的躯体被冰洞贮存了几十年以及被人发现之间，几乎隔着艾格尔的整整一生"，来总结艾格尔的生命。至此我们这才恍然大悟，原来艾格尔一直都活在死亡的凝视之下！而更可悲的是，我们每一个人都一样。

铁骨铮铮的艾格尔，连死，都死得那么认真、专注、负责任。"他胸口里感到一阵刺痛，他看着自己的上身慢慢地向前沉下去，头倒在桌上，脸颊贴着桌面。他听着自己心脏的声音，然后仔细倾听着心脏停止跳动时的安静。他耐心地等着下一次心跳，当再也没有心跳来的时候，他就撒手放开了一切，然后死了。"那个"寒冷的女人"，终于把他和这个他既谈不上爱也谈不上恨的世界，剥离开来。尽管喜欢作者这种"刀不血刃"的处理死亡的方法，但他用这么平淡的文字，杀死一位这么可爱的人物，实在太过残忍！命运到底要多么狡猾，才能永远藏身于人的想象力背后嚣张！生命到底有多么脆弱，才终将会毫无声息地倒下，来不及挣扎和辩驳！

艾格尔死后被葬在妻子玛丽的旁边，他的坟前竖着一块雕琢得很粗糙、布满裂痕的石灰岩石块。而粗糙、裂痕，正是他生命情态的写照。除此之外，我们也该记住：他曾经努力过，追求过，满足过，爱过，活过，不问值不值。

普里什文的自然日历

普里什文在《大自然的日历》中，以一个物候学家的优势和作家的敏锐，全方位地调动起自己的视觉、听觉、嗅觉、感觉、味觉和触觉，收纳了大自然的所有精彩，成就了这本豪华的艺术日历。

在作者眼里，自然里的一草一木一昆虫，一丝一缕的气息都值得玩味。上百种的林间鸟，狡猾的红狐，南飞的大雁，凶猛的黑熊，机灵的猎狗，水面跳跃的鱼，对着月亮叫的小狗……

天空高远，大地厚重，月色清冷朦胧，雷电来去匆匆，冰雪晶莹，朝露剔透，晚霞娇艳，晨雾妖娆，溪水潺潺，彩云追月，湖面上的浪花朵朵……还有各种离奇的习俗、神话和传说，更有和谐在四季里男女老少的俗常生活。所谓生命的宽度和厚度，大概就长这副模样？

大量修辞手法的运用，更使本"日历"有声有色有味道。风儿疯狂地舞蹈；娇羞的太阳；缠缠绵绵的两条河；茉莉花的香味，有种伤风败俗的感觉；虞美人给美丽的春天留下了一个浪漫的结尾；曙光在层层的云气中刚伸出头，月亮还霸占着一片天空……

作者既有宏阔的视野胸怀，又有精微的观察和感知力。大自然在他眼里，不只是花草虫鱼、飞禽走兽，不只是赤橙黄绿青蓝紫，倒更像一位伟大的魔术师，翻手为云覆手为雨，侧身抬手间，别样得让人眼花缭乱。

阅读的过程，仿若开启了一场任性的出游，只不过目的地不是"地"，而是"时间"，是四季，是春天泥土的清香，夏天摇曳的雨，秋天肥壮的猎物，冬天厚厚的冰雪。于是，你会不知不觉中完成了和四季的约会，陶醉在各种生机里，且乐此不疲。

两点违和感不得不说：一是作者一边带着慈爱写自然中各种可爱的鸡鸭鹅雁，一边却也津津有味地写自己的猎杀过程和成果。

二是书中多次出现的"富农""主席""国有制""共青团"之类的称谓，容易让人产生政治错觉，仿佛时间倒流到一个不太平的时代。

总之，很热闹、接地气的一本书！推荐。

是枝裕和的步履

是枝裕和的《步履不停》，本是一部怀思父母亲情的书，但大半部分篇幅内，我们却只看到作者对父母的抱怨、厌倦、嫌弃，甚至讨厌。对于亲子之情，作者似乎根本不屑于提及，即使谈到了，也像是些不经意间说漏了嘴、不小心泄露在文本里、可以忽略不计的小情绪。可以说，全书被众多生活琐事和情绪稀释得清淡如水，却也纯洁如水，直到后来的柔情如水。

普普通通的一家人，父母、已逝去的哥哥和姐姐一家，每个人都在用力地活着。作者生活中所有的狭隘、自私、势利、爱恨、怨愤，都成了托起后半部分一切都来不及的遗憾。众多看似不是爱的爱的情愁思绪，看似漠然的不漠然，看似忘却了的记忆，家长里短里，全是提不到桌面上的鸡毛蒜皮。但生活剥离了这些琐碎，还剩下多少？亲情里剥离了这些琐碎，还有什么重量？生命剥离了这些琐碎，还有什么色彩和形状？这正是是枝裕和的风格，于琐碎中提炼本质，于俗常中建构真情，于淡漠中强调来不及和慌乱。

所以，在反复出现的"西瓜"上，有姊妹亲情和邻里和睦；从父母洗浴室里新装的银色扶手上，我们看到了时间的刻度；玄关间妈妈一直插着的花，散发着母爱的味道；还有从旧家透过窗户看到的玉米田，商店街的松寿司店，庭院里开花的百日红等人、事、物的夹缝里，填满了作者的遗憾、无奈和愧疚："我只是隐隐约约地感觉到，许多事情已经在水面下悄悄酝酿。但即便如此，我却故意装作什么都不知道。直到我真的搞清楚的时候，我的人生已经往后翻了好几页，再也无法回头挽救什么。因为，那时，我已经失去了我的父母。"而"人生总是有那么一点来不及"，成了一种你我都不得不吸取的近似于认命的教训。

母亲爱唠叨，没文化，喜欢在背后说别人的坏话，还有些刻薄、做作；然而，她插花的样态和表情，祥和、可爱。"过年回家，正当我睡到一半时，被母亲撬开嘴巴，'就是想看看你有没有蛀牙'"；母亲每年自制的贺年卡上，最后也一定会加一句"记得去看牙医"；甚至在母亲失忆后，只要作者张开嘴让她看牙，就能唤醒母亲的记忆。几千年来人类唯一没变的温度是母爱这样的话，被作者用这些小事论证得无可辩驳。

父亲是一名小镇医生，视工作为人生的一切，但医术一般，好虚荣，对人苛刻，傲慢无礼，冷漠无情。但父亲对作者第一次带回家的继子淳史，态度却格外和蔼；每次离别时父亲那佯装不在乎的目送等细节，举重若轻地刻画出了天下父爱的含蓄。

而最后，当我们跟着作者一起惊奇地发现："双亲会老，是无可奈何的事情；会死，多半也是无可奈何的。一切都已经来不及"时，大概就剩下祈愿了：一生一世如一日，一分一秒地逝过，只要时间的步履不停，愿人世间情感的步履、思念的步履、爱的步履，都不会停。

牧羊少年的奇幻之旅

先聊聊这位巴西作家保罗·柯艾略。年轻时迷恋炼金术达11年,渴望自己能找到一块魔法石和长生不老药,学会点石成金。后在可以想象出的绝望中放弃,但却收获了精神成长的秘密。

没错,《牧羊少年的奇幻之旅》这本书,讲的是牧羊少年圣地亚哥的精神成长过程,期间穿插着各种大道至简的话语,邀请读者检视在一个平常的世界里如何创造精彩,或是在习以为常的地方,发现长期视而不见、不以为意的宝藏。

寻梦、预感、天命、宇宙语言、宇宙之魂等是反复出现的字眼,但作者越过形而上的玄学,把凡人的现实生活、精神成长与宇宙天地、自然万象相关联,让牧羊少年(读者)明白,想要获得幸福,"月亮"和"六便士"都不可缺;路上的奇观异景和"汤勺里的两滴油"同等重要。

且看各种小故事里的大道理:

预感，就是灵魂飞快地投入生命的洪流当中，世上所有人的经历都在这洪流中联系在一起。我们因此能无所不知，无所不晓，因为一切均已命中注定。

当你一心一意希望得到某种东西时，就离世界之魂更近了。它永远是一种积极的力量。

地球上的一切事物都有灵魂，无论是矿物、植物、动物，还是一个简单的念头，无一例外。

万物皆为一物。

世界有灵魂，谁理解了这个灵魂，谁就能理解万物的语言。

当一个人在追寻天命时，整个宇宙都会合力助他实现愿望。

世上最重要、最智慧的表达方式，是人类都能理解的语言——爱情。

每一天里都蕴含着永恒。

生活对追随自己天命的人真的很慷慨。

⋯⋯⋯⋯⋯⋯

用"心灵鸡汤""指点迷津""醍醐灌顶""茅塞顿开"之类的词来总结阅读本书的感觉，一点儿都不为过。典型的"轻经典"，深者得其深，浅者得其浅。实实在在的说理，放在平平常常的情节里展开，故事环环相扣，因果步步紧逼，在不知不觉中把读者的意识、思想和视野引向高处、深处和远方。这就够了！推荐。

吉田兼好的徒然草

读《徒然草》,既像在听一位胡子眉毛全白的老爷爷在冬夜里、炉火旁给你细数家常和道听图说来的奇闻逸事,你舍不得离开的,不完全是那些东家长西家短的古人旧事,而是那些幸福温暖的气氛和时光。

他给你说:

把应该尽快办的事情拖延,把不着急的事情急办。——是活着的人最应明白的事。

他说,一纸衾,一麻衣,一钵羹,就足够了。

他还说,如果一件事纠结于做还是不做,最好先不要做。

类似的大白话,慢悠悠地讲出来,文采不彩,情节不奇,主题杂乱。阅读的过程,也就仿佛坐在山涧泉水老树下,听潺潺流水,看落叶纷纷,闻自然清香,看似什么都不想,却也什么都在脑中过。清凉,淡远,意趣绵长。山野云端,雪地月夜樱桃花,哪个都让人寻味神往，更何况还有那么多浅显中见深邃的思想意境呢！

我们活着的今天和生命的最后一天又有什么不同呢？

死亡不是在前方等待我们，而是在看不见的后方逼近。

唯一不可接受的，是作者对女性的偏见，如果消极遁世不算的话。

帝王奥勒留的哲学沉思

马克·奥勒留的《沉思录》，既有王国维所谓的"硬心肠哲学家"的客观、冷静，寒气逼人，说出了某种我们不愿意承认的真实；又有"软心肠哲学家"思想的可爱、温暖、亲切、情怀。

有时候精细到日常的吃喝拉撒睡，"当你不情愿起床的时候，要想想社会职责乃是你的本分，合乎你的本性，而睡眠却连没有理性的动物也会"。有时候又高深到莫测，反复读解宇宙、理性和神明。而每一小节都要强调的"人生命短暂而渺小，人应该笑对死亡"的话题，让人真切地读出了作者自己对死亡的恐惧和自我安慰。

作为智者，他看重理性、神明，看透了生死、善恶，看穿了人性优劣，看清的是宇宙万物，看见的是未来的未来……

一句句，都是对生命本真的思考，属于智慧的纯干货，足以指点生命生活生存中各式各样的迷津，尽管难以做到。

尼采的人生哲学

20世纪最走红的哲学家尼采《我们缺什么？尼采的人生哲学》，不是一个一口气读完的作家。他以一贯的格言方式，告诉你什么才是他以为的生存和生活。

他说："完美的人生，需要哲学的关怀。"而哲学的目的，"在于发现更光辉更灿烂的生命，在于更深刻更完美地表达自我，在于把希望、自由、幸福都带到人生里来，在于给予生命做人的勇气、信念和智慧"。所以，谁敢忽略哲学？

"如果人类失去了本能的欲望，那么大概早已衰亡和毁灭了。"——醍醐灌顶！原来，我是我存在的理由。我的本能是"向好"，甭问善恶。

"我们都应该对生活充满热爱！不仅现在这样，将来也应该这样，因为只有对生活充满热爱，才能促进自我及其邻人！"——我们就这样被他蛊惑着爱生活，忽略自己的缺点，尤其是先天性的本能的缺点。如此，似乎减缓了霍妮所谓的"我们内心的冲突"。

"存在大于本质。你活着，就是为着社会的利益。"这是你存在的意义！但记得活成你自己，活出自己的价值。

比之"国家的政权"，教会是什么？尼采说，"首先是一种统治机构，它保障统治阶级和上层建筑，它信任思想的力量，认为没必要动用暴力手段。因而，教会不管在什么情况之下都要比国家政权显得高尚"，所以，他意识到上帝死了后，没有遗憾。

他说："有爱之人是最强大的。"

他还说："一个种族是否颓废，要看它有没有丑陋的恶习，以及是否缺乏协调的能力。用心理学的表达方式来说，这意味着因为缺乏组织能力，所以产生了衰败。"——百十年过去了，他在说给谁听呢？

"人与人之间从不交流思想，因为，人们交流的动作、信号，被当成了人的思想。"他是在说谁？

"只有经历过地狱磨难的人，才有建造天堂的力量。"尼采是悲观的，但又不屑于悲观，他总是在无意义中找意义；他点破了生活，也指给你方向。

……　……

一直在想，如果那一天，他没有碰到马夫鞭打马；如果他只是抱着马脖子没有哭晕，如果他终究从疯癫中醒来，他会对自己最后那10年的存在作何评价？

伟大的尼采！

时间的礼物

用了 45 分钟的时间读完瑞典作家 Fredrik Backman（弗雷德里克·巴克曼）的短篇《时间的礼物》，一腔的无奈，满眼矫情的泪。我嫉妒时间无边，忌恨生命有限，渴望世界被爱蓄满，我爱这有生有死的世间……

忏悔和感恩，应该是这个用魔幻写成的故事的主题之一。作者强调："世界上唯一有价值的东西就是时间，一秒钟就是一秒钟，没有讨价还价的余地。"所以主人公面对死亡，忏悔没有给家人以关注和爱，忏悔为了世俗的成功而浪费了生命，他最终选择了自主死亡，以时间为礼物，换回 5 岁小女孩的生命，实现了某种意义。

故事的深刻之处，在于作者所选择的一种奇特的方式——不存在，来弥补生命的最大缺憾——死亡。要想不死，除非未曾存在，但存在又是生命的本真……浅显的道理放在直观的故事里，以死亡为引子，用爱做生命的催化剂，把你我统统卷入情节里，不自主地审视着随时在侧的死神；忏悔着曾经虚掷过的光阴，省察着存在的真正意义……

"你永远不会读到这些话，永远不会坐在你妈妈家门口的台阶上等我，我也从来没有浪费过你的时间。"为了成全别人，为了彻底的忏悔，为了爱，故事的主人必须抹掉他的一切（未曾存在），但我们却不得不思忖，我们哭着、笑着，跑着、跳着，吃着、睡着、爱着、活着，也许也是因为有些人的"不存在"？那么，剩下的就只有感恩。感恩时间这份礼物！感恩我们生命里那些未知的、"不存在"的人！因为，生，是时间的礼物；死，又何尝不是时间的礼物？

读阿多尼斯《我的焦虑是一束火花》

读完叙利亚诗人阿多尼斯的第二部诗集，才真切感受到诗歌本就是一个瑰丽的宝藏。诗人给你呈现的不仅是意象，更多的是纯粹的思想。

所以，除非你能以诗的形式，表达对他诗歌的赞赏；否则，暂且别尝试表达，只去回顾他一个个深刻的意象，就连标点都闪着光。

他的天空不是天空，他的昨天不是昨天，他的苦难不是苦难……因为他"美丽的词语，本身就是美丽的真理"，因为"他的诗歌就是他的童年"。他感叹"人类看不到自然"，遗憾自己的"故乡，只是一片遥远"，所以他总想"抵达话语的终极"来抵达，尽管他自认为"尚未了解话语的起点"。所以总是在海边的浪花里看到希望中孕育的绝望，正如同生命力孕育着死亡——正如同浪花问她的姊妹，"我刚刚降生就已经死去"？

为了更好地揭示现实，诗人和"幻影交往"；"有一段时间没有动笔写诗，他会感觉自己是一位疲惫的旅人，几乎要干渴而死"。所以，他"呐喊，只为一个目的：慰藉自己的孤独"；他更用一首又一首的诗，渲染着生命的力度。

他问"我如何能学会萤火虫的勇气——它小小的双翼竟然裹携着火"，他问，"知识是另一种无知""思想，是否只有借着词语才会存在？""人的意义，是否只有借助语言才能体现？"……一直在犹豫，"人啊，你就是你的语言？"而"知识令人惊骇"是他后来才给出的答案。再后来，他建议"我们干脆承认：人已经不再知晓事物；相反，是物知晓人"，从而把人的地位与物摆平。

这是怎样的一部诗集？

他用这样一行诗，为自己做了注解："去打开一首诗篇的脏腑，从中阅读世界的命运。"还等什么，阅读这本诗集吧，如果你对世界的命运还抱有兴趣。

让事实自证自己，每一句都是硬思想：

1. 孤身独影，

并非因为我被人遗弃，

而是因为我找不到想要寻找的东西。

2. 遗忘，是记忆唯一的朋友，

也是它唯一的敌人。

3. 如同一枚邮票，

死亡粘贴在

叫作生命的那个信封上。

3. 历史，带着它所有的屠宰场、牛棚和疯人院，

再一次叩响时代的大门。

4. 是的，正如你所言，此人长着翅膀，

但不是用来向高处飞翔，

而是用来向深渊坠落。

5. 地平线是大海，

云彩，是天空的睫毛。

日落时分。

6. 请看太阳正身着红衣，

前去看望夜晚。

7. 无论你远行到哪里，

你不会抵达比内心更远的所在。

8. 我嫉妒树木，

因为它拥抱所有的方向，

尤其是高度和纵深。

9. 树只有当着雨的面，

才会哭泣。

10. 身体总是梦想着

用精神之水洗濯，

但找不到足够的水。

11. 无论你在内心的汪洋中航行多远，

你总是离不开岸陆。

12．不要习以为常！

永远做一个陌生人，哪怕是面对自己。

13．谁知道呢？或许我家花园的这些蓓蕾里，

藏有一个祈祷的场所。

我只能听到风的低语，

我只能看到树叶飘来，树叶飘去。

14．不要对地平线有所期待，

当你走近它，它便远去。

15．即便当爱情窒息的时候，

它的喉咙吐出的，

也是高贵的气息。

16．时间有一种变成空间的强烈愿望。

…………

阅读阿多尼斯吧，让生活中的焦虑也闪着火花。

想死的欧维

读弗雷德里克·巴克曼《一个叫欧维的男人决定去死》。

又一本想打五星的书,为了那个嘴很损、脚很损、思想意识很损、满身毛病却怎么也恨不起来的可爱的倔老头,还有他周围那些温暖的邻居们!

读到第三章欧维不愿交 3 克朗增值税时,就被他吸引了,随后带着好奇,一直不怀好意地等着他吐槽抱怨,不知不觉地竟也跟着他一起舒缓了自己的不少怨气。

"一个叫欧维的男人决定去死",题目本身像在开玩笑,俗气得一塌糊涂。然而基调其实是活,一个叫欧维的男人的"苟延残喘"的活,一年年,一月月,一天天,固执地守着自己的尊严和执念,认真、简单、理性、但却拧巴着活着。

其实用不了几句话,就可以把欧维59年的生命生活浓缩:努力工作,自食其力,节衣缩食,买了第一辆萨博;接受教育,通过考试，应聘面试，拿到体面的工作，感恩，从不生病，按时缴税；洁身自好；邂逅了一个女人，结婚；努力工作，升职；买一辆新型号的萨博；去银行，贷一笔还款年限为五年的款，买座太太觉得适合养育下一代的排屋；分期还款；节衣缩食；买了新的萨博；去饭店里播放外国音乐的地方度假，喝太太认为别具异国风味的红酒；然后回家继续工作……

  显然，欧维对于生活的要求非常简单。在一个再也没人修自行车的社会里，"头上一片屋顶，安静的街道，值得他们忠心耿耿的汽车品牌和女人。一份可以有所作为的工作，一套房子，里面的东西定期有个故障，好让他们修修补补"，就能让他心满意足，甚至感恩戴德。他太太常说："要是有什么值得写进欧维的讣告，那就是'无论如何，此人还算省油'。"然而，欧维可一点都不是"省油的灯"。他的嘴里满是脏话，心里有那么多的不如意……时常双手插进口袋里，"时刻准备着为一无是处的周遭世界感到失望"。他"无法理解那些说自己想要退休的人"的鬼话，像不相信天气预报那样不相信任何东西；他怀疑一切，看不惯一切；他遇事会死命地较真儿，甚至刻薄，总在表演或者兑现他所谓的"实事求是"；他习惯于用脚踹泥土，踹门，踹小区里的标识，踹别人家停放不整齐的车胎，踹街角"猫"视眈眈的猫，踹停车场的外国车，更重要的，他（在心里）踹这个总是越来越糟糕的世界，甚至踹周围人的笑脸……以求痛快和释怀。

  撇开幽默成一种力量的作者的叙事语言，撇开那个奇怪可爱的倔老头欧维，他对妻子的爱，是本书最打动人的地方。毕竟，他是因为她才决定去死的。欧维这个非黑即白的男人，太太是他的色彩，他全部的色彩。他会整日整日地想念她的"笑容、她睡眠时翻身的样子。想为她粉刷房间……"面对铺天盖地的无奈，欧维这个倔老头会哭泣，我们会跟着他哭，为了他的事与愿违，为了他那么多那么多无处安放的对妻子的爱，还有那么多可可爱爱的执念！

"要是有人问起，他会说，在她之前，他没有生活。之后也没有。"欧维就是这样高规格地爱着妻子。而叙事过半作者猝不及防地让欧维低声说的那句"我想你"，让人突然意识到，原来他一直都很孤单地一个人生活着，孤独地让人恐惧。作者动情地说："索雅离开欧维的时候，他并没有一起死去。他只是不再活着。"他每天两次走遍所有房间，摸摸暖气片，看她有没有悄悄把它们打开。坐在妻子墓碑旁，一边擦拭墓碑上的积雪，一边诉说着他对这个世界的种种不满意。喃喃道："我很难过……"干干净净的语言，包裹着浓浓的情感，凸显出画面感极强的欧维的可怜！

有人说，对死亡最大的恐惧，在于它与我们擦肩而过，留下我们独自一人。然而，生命过场的简单，并不等于细节的简洁。欧维游离在时代之外，和时代对抗，和世界对抗，和旧观念惺惺相惜。于是，死，成了他的使命！上吊未遂，卧轨未遂，在地下室车里自杀未遂，用化学品自杀未遂，拿枪对着自己未遂……每次准备好要死前，他都在想一个想不清楚的问题：生活不应该是现在这个样子！而这个问题，你我都不陌生。欧维不仅仅是欧维，他还是你，是我，是烟火生活，是曲曲折折、是是非非的生命流程，是这个并不完美也无法完美的世界。如果你烦他，也就是在烦自己。如果你喜欢他，他也是此时盯着文字唏嘘的你自己。

本书最后一章，作者说：

"死亡是一桩奇怪的事情。

时间是一桩奇怪的事情。

悲伤是一桩奇怪的事情。

爱是桩奇怪的事情。它来得出其不意。"

是的，死亡是一桩奇怪的事情。人们终其一生都在假装它并不存在，尽管这是生命的最大动机之一。我们其中一些人有足够的时间认识死亡，并借此活得更努力、更执着、更壮烈。但多数人却要等到它真正逼近时才意识到它的反面有多美好。这大概就是生命和生活的本真，残酷地奇怪着，奇怪地残酷着！不过，世界或许因为种种的奇怪才值得爱？！所以人类还在，爱也还在。所以，我们会爱上欧维，这个"决定去死的男人"。

后　记

　　距离这本文学札记的完成已经过了三年时间了，笔者继续畅游在书海里，感悟从字里行间流泻出的色彩和力量，跌宕自喜。积累起来的阅读心得和阅读体验，不比本书的内容少。

　　阅读应是人一辈子的事业，笔者信仰阅读。教学工作之余，最放不下的，是书里那个纷繁无比的世界：小草小花，小情小爱，长天后土，大江大河，大爱，大悟，大视野，大智慧……这本小书记录下来的，是笔者习惯性的线性思考的结果，更是各种经典大作里不可遗忘的雪泥鸿爪。重新梳理阅读每一篇文字，仿佛又回到读每一页书的那个幸福的过程，跟着作者或人物活跃在一个全新的时空里，时不时遇见深刻，遇见远方，遇见一个个有趣的灵魂，遇见不经意间滑过脑际或消失或遗忘了的相似、相近、甚至相同的思想，最终遇见的是那个可以有选择地活着精神自我的自己。

　　阅读也是一个不断认识世界、逃避世界、创建世界的过程。这里是我为自己、也为读者您搭建的一个简易的框架世界。如果您刚好处于读书的"空窗期"，本书或许能帮助您找到您一直求而不得的"那一本"。而本书取名"文学之约"，涵盖了以上种种与文学的碰撞。

  梭罗说过,"有多少人就因为读过一本书后便为生命翻开了新的一页",如果这本书还不是,里面的经典或许是。毕竟,真正有力量的文字,一定能够对我们的审美进行奇异的再造,对我们在真、善、美的追求上有卡夫卡所谓的"斧子凿破心中冰封海洋"的启示和明智,有充电的感觉。本书所包含的所有文本曾给笔者带来过这样的感觉,也奢望读者您能从中看到一些文学之光。

  毕竟,生活可爱,世界可爱,文学更可爱!

2021 年 8 月 21 日